我国互助养老的
历史演变、实践困境
及其对策研究

陈伟涛◎著

中国财经出版传媒集团

经济科学出版社
Economic Science Press

图书在版编目（CIP）数据

我国互助养老的历史演变、实践困境及其对策研究/
陈伟涛著 . -- 北京：经济科学出版社，2022.8
ISBN 978 - 7 - 5218 - 3883 - 1

Ⅰ.①我…　Ⅱ.①陈…　Ⅲ.①养老 - 服务模式 - 研究
- 中国　Ⅳ.①D669.6

中国版本图书馆 CIP 数据核字（2022）第 130871 号

责任编辑：谭志军
责任校对：郑淑艳
责任印制：范　艳

我国互助养老的历史演变、实践困境及其对策研究

陈伟涛　著

经济科学出版社出版、发行　新华书店经销
社址：北京市海淀区阜成路甲 28 号　邮编：100142
总编部电话：010 - 88191217　发行部电话：010 - 88191522
网址：www. esp. com. cn
电子邮箱：esp@ esp. com. cn
天猫网店：经济科学出版社旗舰店
网址：http://jjkxcbs. tmall. com
北京季蜂印刷有限公司印装
710 × 1000　16 开　14.25 印张　250000 字
2022 年 8 月第 1 版　2022 年 8 月第 1 次印刷
ISBN 978 - 7 - 5218 - 3883 - 1　定价：68.00 元
（图书出现印装问题，本社负责调换。电话：010 - 88191510）
（版权所有　侵权必究　打击盗版　举报热线：010 - 88191661
QQ：2242791300　营销中心电话：010 - 88191537
电子邮箱：dbts@ esp. com. cn）

前　言

　　李克强总理在 2022 年度政府工作报告中提出："优化城乡养老服务供给，支持社会力量提供日间照料、助餐助洁、康复护理等服务，稳步推进长期护理保险制度试点，鼓励发展农村互助式养老服务，创新发展老年教育，推动老龄事业和产业高质量发展。"① 这正是本书研究的课题。

　　本书聚焦于我国互助养老的良性发展所面临的问题，以"我国互助养老的历史演变、实践困境及其对策研究"为题，在分析人类社会的互助传统与实践的基础上，进一步探讨我国互助养老的历史演变进程，揭示我国互助养老所具有的悠久历史传统和深厚的文化积淀，为我国发展互助养老提供了历史合理性的证据。进而对互助养老的概念及其可行性和必要性展开分析，系统回顾了我国三种代表性的互助养老模式——时间银行互助养老模式、农村幸福院互助养老模式和"互联网＋"互助养老模式的发展状况，有助于读者对我国互助养老的发展概况形成初步的认识。通过历时三年的实地调查和研究，综合运用文献研究法、问卷调查法和访谈法等方法，对河南省洛阳市的互助养老发展状况展开了深入的调查，分析了当前我国互助养老存在的主要问题，探讨了影响我国互助养老发展的主要因素，并提出了针对性较强的对策。通过上述研究，得出了如下主要结论：

---

　　① 李克强．政府工作报告——2022 年 3 月 5 日第十三届全国人民代表大会第五次会议上[M]．北京：人民出版社，2022．

一是发展互助养老符合政策预期和历史潮流，对于我国养老社会保障体系的完善能够起到积极的促进作用。三种代表性的互助养老模式中，最具有中国特色的当属农村幸福院互助养老模式，应当大力推进农村幸福院互助养老模式的健康发展。对于城市社区来说，应当大力发展时间银行互助养老模式。而随着人工智能和信息互联进程的快速发展，"互联网＋"可以给以上两种互助养老模式增权赋能，使其发挥更大的社会价值和作用。

二是虽然互助养老模式在创立阶段和运营阶段都面临着不同的实践困境，但与创立阶段相比，运营阶段所面临的实践困境更加艰巨，也更难以解决，正所谓"创业难，守业更难"。运营阶段面临的最为紧迫的困境是运营资金的不足和难以持续，导致大量互助养老场所难以正常运转，这直接影响了老年人参与的积极性，进而出现了互助养老场所数量增加与老年人参与热情逐步下降的相互背离的现象。

三是面对主要由运行资金不足带来的互助养老实践困境，首先应通过政府财政资金的持续投入盘活互助养老现有的闲置资源，并通过多种方式提高互助养老资金投入的连续性；其次通过加强政策和法律保障体系建设来提供互助养老良性发展的制度保障；最后通过内部管理制度等方面的完善来提高互助养老可持续发展的内部动力。三者结合，共同推动我国互助养老实现良性发展。

陈伟涛

2022 年 3 月 26 日于郑州东区龙子湖畔

河南财经政法大学

目　录

第一章

导　论

第一节　研究背景和意义

一、研究背景

随着人口老龄化的不断加快，我国面临着诸多养老问题。目前，在我国养老领域中，老年人对养老的各个方面都有需求，但供给却相对不足，这是我国养老领域最突出的问题。而且，我国正面临着老龄化和城镇化效应双重叠加的严峻局面，第七次全国人口普查数据显示，我国 65 岁及以上人口 19064 万，占总人口的 13.50%。同时，2013~2020 年，全国常住人口城镇化率由 53.73% 上升到 63.89%。① 当前，我国农村养老保障体系尚不健全，加之机构养老的规模和质量还不能完全满足城市老年人的需求，所以，迫切需要培育新型养老模式以填补我国巨大的养老需求缺口。此外，随着科技的进步和生活水平的提高，人们不再满足于传统家庭养老的模式，开始追求精神层面上的慰藉，互助养老模式应运而生。

---

① 龚勤林，陈说. 新中国成立以来党领导城乡关系调整的历程与经验 [J]. 经济问题探索，2022（2）：1-14.

农村中青年群体大量外出务工，城镇中的年轻人则大多受到高强度工作的限制，均难以充分满足家中老年人的诉求，老年人长期在家中缺少陪伴与关爱。① 相比于传统的家庭养老和机构养老，互助养老的优势在此背景下彰显。互助养老强调居民间的互帮互助，提倡低龄老年人帮助高龄老年人，这就有利于充分利用人力资源，大大减少年轻人的压力，缓解养老服务的供需矛盾。同时可以实现老年人的自我价值，并且与传统的居家养老冲突不大，有利于减小老年人的抵触心理。②

互助养老在我国受到了社会各界的广泛关注，因为它可以有效地整合和利用各种养老资源，以较低的成本开展养老活动。目前，许多地区积极推进和实践，已取得了良好效果。依据积极老龄化的理念，互助养老是鼓励老年人参与养老最便捷有效的方式，③ 有利于促进老年人实现"自我价值感"，充分发挥老年人的人力资源潜力，弥补了目前养老资源的不足。这在一定程度上缓解了我国的养老压力，特别是为解决空巢现象严重的农村养老问题，扩大农村养老保障体系，完善我国社会养老服务体系提供了有效途径。④

当前，国内学术界对互助养老的内涵并没有形成统一的认识。⑤ 然而，从服务来源出发，大体上可以把互助养老分为三类：一是提倡以老年群体自身为主通过互助解决养老问题；⑥ 二是提倡整合社区资源为老年群体提供帮助来解决养老问题；⑦ 三是提倡整合政府和社会等多方资源为老年群

---

① 丁艳琳 . "互联网＋"背景下的城市社区互助养老模式构建 ［J］. 智能计算机与应用，2020，10（2）：346－347，352.

② 徐雅淇，朱敏，杨和颐，王超凡 . "互联网＋"背景下互助养老的参与意愿研究——基于江苏省时间银行的养老品牌分析 ［J］. 品牌研究，2020（4）：134－138.

③ 王豪，韩江风 . 互助养老新模式唱响最美"夕阳红" ［J］. 人民论坛，2017（12）：78－79.

④ 李丹，毕红霞 . 我国互助养老发展研究综述 ［J］. 老龄科学研究，2020（8）：46－55.

⑤ 张迪，吕卓 . 基于 Logit-ISM 模型的农村互助养老意愿影响因素研究 ［J］. 现代商业，2021（17）：74－77.

⑥ 王玉坤，王青松 . 我国互助养老的现实困境及其优化路径 ［J］. 经济师，2019（5）：16－18.

⑦ 张彩华 . 村庄互助养老幸福院模式研究：支持性社会结构的视角 ［D］. 北京：中国农业大学，2017：151－160.

体的养老提供支持。① 鉴于政府明确支持社会多方力量共同参与互助养老实践活动，因此，本书倾向于第三类定义，即互助养老指的是在政府的支持和指导下，引导社会多方资源促进老年人开展自助和互助服务以解决养老问题的新型养老模式。

目前，比较具有代表意义的互助养老模式为农村幸福院互助养老模式、时间银行互助养老模式和"互联网＋"互助养老模式。在政府的大力推动下，在社会各方力量的共同参与下，我国互助养老事业在较短的时间内取得了显著的成效。例如，耿卫新指出，"截至 2013 年底，幸福院在河北全省农村地区的覆盖率已达 50％以上"；② 学术界对互助养老模式的研究也日渐增多，查询中国知网可知，自 2007 年以来，共发表了 830 篇关于互助养老方面的论文，互助养老渐成研究热点领域。很多学者对农村幸福院的选址、建设等展开研究；③④⑤ 部分学者对河北、江苏等地区的互助养老模式存在的"资金不足、设施不完善、服务水平低"等问题等展开分析。⑥⑦ 然而，目前国内互助养老研究尚处于起步阶段，⑧ 仍存在着一些不足，需要对我国互助养老的实践困境及其对策等展开全面的研究。

---

① 杨文健，程可桢. 农村互助养老实践与长效运行机制的探讨［J］. 江西农业学报，2016（28）：130－134.

② 耿卫新. 河北省农村互助养老发展问题研究［J］. 统计与管理，2014（12）：47－49.

③ 陈凯. 农村集体养老建筑设计研究——以"幸福院"养老模式为例［D］. 青岛：青岛理工大学，2012.

④ 孟聪龄，陈晨. 单元型互助老年公寓的建构［J］. 太原理工大学学报，2014，45（6）：780－784.

⑤ 贾飞. 农村互助养老空间设计研究——以山西漳泽村养老合作社设计方案为例［D］. 呼和浩特：内蒙古师范大学，2015.

⑥ 贾丽凤. 农村互助养老发展问题研究——以保定市为例［J］. 科技视界，2013（24）：36－37.

⑦ 黄立娴. 农村社区互助型居家养老服务研究——以江苏省 S 村为例［D］. 上海：华东理工大学，2015.

⑧ 魏婕. 贵阳市城市社区独居老年人互助养老参与意愿及影响因素研究［D］. 贵阳：贵州财经大学，2021.

二、研究意义

（一）理论意义

（1）本研究对人口社会学学科理论体系的完善有积极的促进作用。互助养老模式的兴起是人口自然构成变动所造成的社会影响的产物之一，对当前我国互助养老模式所面临的文化基础、实践困境及其对策等展开研究就是从社会学视角出发探讨人口发展过程中的相关社会学问题，研究结论必将丰富人口社会学的实践内容，为该学科的发展提供有力的经验支持，并进一步促进人口社会学学科理论体系的完善。

（2）本研究对老年社会学学科理论体系的完善有积极的促进作用。老年社会学主要研究人口年龄结构老龄化带来的老年社会问题，本研究有助于老年人正视自身存在的价值，通过个人或群体间的互动、加强社会参与力度来满足自身的养老需求，提高晚年生活质量。研究结论必将丰富社区照顾等理论的实践内容，并为老年社会学学科理论体系的完善作出应有的贡献。

（二）实践意义

（1）本研究对政府相关部门的决策制定有借鉴作用。本研究有助于我国各级政府在政策制定的过程中充分考虑到互助养老的价值、存在的实践困境及其影响因素，从而为政府完善互助养老的相关法律法规和支持性政策以维护互助养老的可持续发展提供有力的借鉴。

（2）本研究对老年人晚年生活质量的提高有积极的促进作用。对于广大老年人来说，本研究有助于其树立对互助养老的正确认知，有助于增强其参与互助养老的积极性，有助于其主动解决互助养老过程中的一些实践困境，最终有助于其晚年生活质量的提高。

（3）本研究对社会良性运行有促进作用。互助养老不仅有助于减轻家庭的养老负担，而且也有助于减轻社会的养老负担。所以，本研究有助于促进社会的良性运行和发展。

第二节　文献综述

与西方国家较早创办且较为成熟的瑞士"时间银行"、日本"共同住宅"、美国"国会山村"、德国"多代屋"等互助养老模式相比，我国也逐渐形成了时间银行、农村幸福院、"互联网＋"互助养老等多种形式的互助养老模式。其中，2008 年河北肥乡创办的农村幸福院互助养老模式颇具中国特点，属于中国本土化的互助养老模式。国内学术界对以"肥乡模式"为代表的农村幸福院互助养老模式开展了诸多研究，取得了较为丰硕的研究成果。不仅推动了我国农村互助养老领域走向深入，而且还为不少地方政府的决策提供了有益的借鉴和参考。通过深入分析文献资料后发现，国内学术界关于农村幸福院互助养老模式的研究主要集中在以下几个方面。

一、农村幸福院互助养老模式的相关研究

（一）农村幸福院互助养老模式的可行性及其发展现状

作为一种新型养老模式，农村幸福院互助养老模式是否具备现实可行性自然是学者们研究的题中之义。左赛赛和高贵如从农村幸福院互助养老模式所具备的外部优势和内部优势出发展开分析，指出农村幸福院互助养老模式具有精神慰藉的功能，且能够在很大程度上减少子女的经济负担，是一种经济型的养老方式。另外，伴随着政策支持力度的加大，农村幸福院互助养老模式还有助于弥补农村养老社会保障体系的不足，基于此得出

农村幸福院互助养老模式适宜于在熟人社会的农村地区广泛推行的结论。① 而杨虹则从农村社会所具有的亲密邻里关系、孝道养老文化和较强的基层组织出发，论证了农村幸福院互助养老模式在我国农村地区具备大力推行的社会、文化和组织基础。②

随着各级地方政府的大力推行，农村幸福院互助养老模式也逐渐在广大农村地区得到了实践检验，许多学者也结合各地的实践针对农村幸福院互助养老模式的发展现状展开了研究，具体如下：

农村幸福院的基础设施建设在政府的大力扶持下取得了较为显著的成效。例如，陕西省 L 县通过新建、闲置房产改造和租赁农民房屋三种形式建设了大量的农村幸福院。③ 还有的地方对农村幸福院的规格进行了详细的规定。例如，辽宁省的农村幸福院的建设标准为：床位多于 20 张（可根据实际情况适当调整），建筑面积大于 400 平方米，服务人员数量一般在 500～5000 人之间。④ 更多的地方在经过综合考虑后，会根据经济状况的地区差异把农村幸福院的建设标准划分为不同的级别，一般分为三个级别，主要根据建筑面积、床位数量、设备设施和提供服务的数量等标准对农村幸福院进行级别分类。如一类、二类和三类农村幸福院，或者示范型、标准型和普通型农村幸福院，这些做法在很大程度上推进了农村幸福院基础设施的标准化建设。例如，山东省民政厅会同有关部门出台了《农村幸福院建设与管理指导意见》《新型农村幸福院建设技术指南》《农村幸福院等级划分与评定》等，⑤ 菏泽市 S 县依据以上指导意见把农村幸福院划分为针对普通老年人的"幸福院"互助养老模式、针对贫困老年人的"周转房"互助养老模式和二者整合起来的"幸福院 + 周转房"模式

---

① 左赛赛，高贵如. 农村互助幸福院可行性分析［J］. 农村经济与科技，2020，31（9）：324 - 325.

② 杨虹. 农村互助养老的现实基础及优化路径探析［J］. 农业经济，2021（12）：74 - 75.

③ 朱梦瑶. 陕西省 L 县农村互助养老幸福院模式的完善研究［D］. 西安：长安大学，2019.

④ 张燕. 烟台市社区居家养老服务质量的提升路径研究［D］. 青岛：山东科技大学，2019.

⑤ 山东. 以幸福院为切入点破解农村养老服务难题［J］. 中国社会工作，2020（32）：16 - 17.

即"新型幸福院"模式。①

农村幸福院互助养老模式的服务内容不断扩充。初期阶段的农村幸福院大多只能为老年人提供简单的饮食服务，造成服务质量较低的情况。② 后来，随着政府投入的加大，部分农村幸福院也开始配备了一些健身和娱乐设施，包括跑步机等器材。③ 随着政府对农村幸福院建设越来越重视，一些与服务内容有关的文件也相继出台。例如，F省民政厅于2017年发布了《农村幸福院基本标准（试行）》，规定了农村幸福院提供的服务内容包括文化娱乐、就餐、午休、教育咨询、医疗卫生保健等生活照料服务。④ 有的农村幸福院甚至尝试在院内开辟菜园，运用积极老龄化的观念引导老年人种植瓜果蔬菜，并帮助老年人学习养花、插花技术，从而将卫生、文化、教育、娱乐等功能整合到一起，不断拓展了农村幸福院的服务内容，为老年人提供更加多元化的养老服务。⑤

农村幸福院互助养老模式的资金来源渠道逐渐多样化。河北肥乡农村幸福院创立之初主要依靠村集体的资金。⑥ 随后，在民政部的大力推动下，农村幸福院遍布全国各地，并形成了多元化的资金来源渠道，主要包括政府财政支持、村集体资金支持、社会捐赠支持和个人资金支持。⑦ 其中，政府的财政支持是农村幸福院主要的资金来源渠道。例如，农村幸福院的主要资金来源为专项改造资金、一事一议资金、部分的民政资金及扶

① 刘颖. 欠发达地区农村社区互助养老模式的运行机制及优化路径研究［D］. 武汉：华中农业大学，2020.

② 邓亮. 资源禀赋视角下的农村互助幸福院可持续发展研究［D］. 咸阳：西北农林科技大学，2021.

③ 丁煜，朱火云，周桢妮. 农村互助养老的合作生产何以可能——内生需求和外部激励的必要性［J］. 中州学刊，2021（6）：79-85.

④ 朱火云，丁煜. 农村互助养老的合作生产困境与路径优化——以X市幸福院为例［J］. 南京农业大学学报（社会科学版），2021，21（2）：62-72.

⑤ 左赛赛. 社会支持视角下农村互助养老模式研究［D］. 保定：河北农业大学，2021.

⑥ 杜宇欣. 多元养老格局下农村居家互助养老研究［D］. 南京：南京师范大学，2019.

⑦ 付玲丽. 黑龙江省农村互助养老实践困境和路径研究［D］. 哈尔滨：哈尔滨商业大学，2021.

贫资金等政府拨款性质的资金。①

农村幸福院互助养老模式的管理体系逐渐成熟。在早期阶段，农村幸福院的管理体系还不太健全，不同地方把农村幸福院归属于不同的部门或个人进行管理。例如，甘肃省 X 区的农村幸福院的负责人由村落中的意见领袖、乡贤代表等组成，② 有的地方则是把农村幸福院交付给老年协会管理，③ 河北省则把农村幸福院交由村委会进行具体的管理工作，④ 有的地方则委托第三方机构对农村幸福院开展集中管理和运营。⑤ 随着管理体系的不断完善，各地在总结经验的基础上构建出了层次分明的管理体系，逐渐建立了"市—县—乡—村"四级管理体系。一般来说，市级层面主要负责农村幸福院建设的领导和协调工作，县级层面负责农村幸福院建设的组织和督导工作，乡级层面负责农村幸福院建设的规划布局和具体实施工作，村"两委"承担农村幸福院的具体建设和管理工作，这样就构成了架构完善、责权明晰的农村幸福院组织管理体系。⑥

（二）农村幸福院互助养老模式面临的发展困境

虽然农村幸福院互助养老模式在政府的大力支持下取得了较为显著的建设成效，但在运行过程中，农村幸福院互助养老模式却暴露出一些问题，主要包括资金困境、管理困境、参与困境和满意度较低的困境等，具体如下：

农村幸福院互助养老模式面临的资金困境。虽然各地在农村幸福院建设之初都投入了数额不等的财政资金，甚至包括部分福利彩票资金的支持

---

① 毕强. 内蒙古牧区互助养老问题研究［D］. 长春：吉林财经大学，2021.

② 张乃月. 合作治理视域下互助养老的协同困境及路径优化——以甘肃省 X 区农村幸福院为例［J］. 商业经济，2022（2）：148－150.

③ 唐标明. 完善多层次养老服务体系［N］. 中国社会报，2021－11－23（4）.

④ 郑军，郭晓晴. 农村互助养老社会基础的新制度主义探索：中日比较及启示［J］. 山西农业大学学报（社会科学版），2021，20（6）：44－52.

⑤ 福建省. 创新农村互助养老服务机构民办非法人登记管理［J］. 社会福利，2021（6）：16－17.

⑥ 李燕鸽. 农村幸福院运行困境与优化策略研究［D］. 开封：河南大学，2020.

等，但普遍面临的问题是缺乏后期运营资金的支持。例如，X县，2013年以来共建设58处农村幸福院，但目前已经关停了6处，另外52处农村幸福院均面临着资金不足的问题，这些导致农村幸福院的"建"和"用"两分离的情况比较明显地存在。① 加之，部分地区已经取消了政府承诺的补助，农村幸福院的日常运营所需的水电气暖等费用单凭村集体经济是难以承担的，这导致一些资金来源不足的农村幸福院不得不采取间歇式运行或长期关停的措施。②

农村幸福院互助养老模式面临的管理困境。由于大多数农村幸福院缺乏长期资金的流入，导致一些农村幸福院缺乏专人管理，许多农村幸福院常常由村干部兼职管理，或聘任村民承担开关门的简单职责，更多的服务限于人员的短缺而无法开展，使得不少农村幸福院陷入松散管理的状态，影响了农村幸福院正常功能的发挥。③ 一些农村幸福院委托给当地的老年协会进行管理，但囿于老年协会人数有限，在管理上往往存在着缺位的问题。此外，在农村幸福院的制度建设方面也存在着诸多的不足，存在缺少完善的规章制度，以及对现有的规章制度落实不到位的情况。另外，虽然上级政府部门对农村幸福院开展了例行检查，但例行检查的形式比较单一，缺乏突击检查、集中督查等形式的配合，使得农村幸福院的监督检查机制也不太健全，以上都使得农村幸福院互助养老模式面临着监督和管理方面的挑战。④

农村幸福院互助养老模式面临的参与困境。许多学者研究发现，不少农村幸福院存在着参与人数少、参与程度低和参与意愿不足的问题。⑤ 根

---

① 韩振秋.我国农村幸福院问题、成因及对策——基于五省调研数据分析［J］.学术探索，2020（5）：51–59.

② 黄婉晴，姚中进.基于PEST分析的农村幸福院可持续发展研究［J］.医学信息，2021，34（1）：1–3.

③ 韩振秋.我国农村幸福院问题、成因及对策——基于五省调研数据分析［J］.学术探索，2020（5）：51–59.

④ 葛芳芳.河南省J县农村互助养老幸福院建设研究［J］.农村经济与科技，2021，32（17）：194–195.

⑤ 黄真.三峡库区农村老年人参与互助式养老模式研究——以重庆市忠县农村幸福院为例［J］.农家参谋，2020（15）：13.

据 L 县访谈的情况可知，大约有一半的老年人不愿意入住农村幸福院，其理由包括"不喜欢到热闹的地方去，不熟悉""晚上住在一个陌生的环境下心里不舒服"等。大多数老年人参与到农村幸福院中主要是受到娱乐和健身活动的吸引，包括下棋、打牌等娱乐项目，但即使是参与率比较高的娱乐和健身项目，经常参加的人也不多，单个个体参与的次数也不高。[①]虽然部分老年人也加入了一些互助服务，如聊天等，但更多形式的互助服务却很少出现，主要是因为老年人存在着一些安全方面的顾虑。如"我们来这里的老年人有的身体很差，我们也不够专业，产生了问题谁负责?"[②]

农村幸福院互助养老模式面临的满意度较低的困境。虽然农村幸福院互助养老模式的发展取得了长足的进步，但孙永浩从可靠性、保证性、响应性、可感知性、移情性和形象六个维度出发，对滨州市农村幸福院养老服务进行满意度调查分析后发现，农村老年人对农村幸福院服务的满意度水平整体保持在一般和满意之间，各评价维度仍然存在不足，需要进一步提升。[③] 老年人对农村幸福院的满意度还与服务设施和服务内容的多少有着密切的关系，相当多的农村幸福院休闲娱乐设施较少，服务项目也比较有限，这些都限制了农村老年人对农村幸福院的服务体验和满意度。[④]

对于很多农村老年人来说，饮食等生理需求的满足只是其需求中的一小部分，随着生活水平的逐步提高，农村老年人也越来越注重精神层面需求的满足。[⑤] 然而，入住农村幸福院的老年人在精神慰藉方面的互助次数和频率并不高，部分老年人甚至排斥相互帮助，也不愿意与其他老年人分享自己的内心想法，导致其内心世界的空虚感仍然较重，使得农村幸福院在精神慰藉方面的互助并没有达到理想的效果。[⑥]

① 卢玉冰. 农村老年人互助幸福院养老的参与行为与意愿研究 [D]. 武汉：华中农业大学, 2021.
② 郑雪. 史密斯模型视角下农村幸福院运行问题研究 [D]. 济南：山东师范大学, 2021.
③ 孙永浩. 农村幸福院养老服务满意度及影响因素研究 [D]. 上海：上海工程技术大学, 2020.
④ 高丽芳. 福建省农村互助养老模式研究 [D]. 福州：福建师范大学, 2020.
⑤ 陈柳宇. 农村老年生活照料问题研究 [D]. 武汉：华中科技大学, 2008.
⑥ 王静, 马晓东. 新时代农村互助养老模式路径优化研究——以河北省邯郸市肥乡区幸福院为例 [J]. 山东行政学院学报, 2020 (5)：78 – 83.

（三）影响农村幸福院互助养老模式发展的因素分析

法律法规体系的不健全、薄弱的村集体经济、传统的养老观念和盲目跟风建设在一定程度上制约了农村幸福院互助养老模式的发展，具体如下：

法律法规体系的不健全影响了农村幸福院互助养老模式的发展。罗格莲、林瑾文等分析指出农村幸福院互助养老模式缺乏完善的法律法规制约，导致其在运行过程中缺乏法律的指导，这不仅使得农村幸福院互助养老模式在处置突发事件时处于无法可依的局面，而且还使得农村幸福院互助养老模式在日常运营中面临着权责关系不明晰的情况。① 村两委、农村幸福院和入院老年人三者之间的权利、责任和义务缺乏法律法规的界定，各个行为主体的行为边界尚不清晰。也就是说，目前农村幸福院互助养老模式在法理层面上尚存在着一定的合法性危机。②

虽然财政部和民政部 2013 年印发的《中央专项彩票公益金支持农村幸福院项目管理办法》（以下简称《管理办法》）界定了农村幸福院的组织性质，指出农村幸福院是由村民委员会进行管理，为农村老年人提供就餐、文化娱乐等照料服务的公益性活动场所，③ 但该文件并未在此基础上对各方主体进行权利、责任和义务的明晰划分。而且，政府文件的法律效力弱于正式的法律法规，法律法规体系的不健全使得农村幸福院互助养老模式的各行为主体的行动积极性大打折扣。村级基层组织由于担心政策支持不到位而畏首畏尾，难以全力支持农村幸福院的建设和发展。农村老年人担心加入农村幸福院后出现意外事故而无人负责，这种担忧也降低了其加入农村幸福院的意愿和积极性。④

村集体经济的薄弱影响了农村幸福院互助养老模式的发展。根据财政

---

① 罗格莲，林瑾文，潘志斌，周津. 福建省农村幸福院建设的制约因素与对策 [J]. 乡村科技，2020（1）：22－25.

② 毕强. 内蒙古牧区互助养老问题研究 [D]. 长春：吉林财经大学，2021.

③ 钟仁耀，王建云，张继元. 我国农村互助养老的制度化演进及完善 [J]. 四川大学学报（哲学社会科学版），2020（1）：22－31.

④ 李燕鸽. 农村幸福院运行困境与优化策略研究 [D]. 开封：河南大学，2020.

部、民政部《关于印发〈中央专项彩票公益金支持农村幸福院项目管理办法〉的通知》文件精神，农村幸福院主要依托村民委员会进行管理和运营，政府对"农村幸福院"的资金投入大多是一次性的，属于建设性资金的投入。① 当农村幸福院建设完成投入使用之后，主要是由村集体负责管理和运营。因此，村集体经济实力的强弱在很大程度上决定着农村幸福院的资金保障程度。② 然而，很多村集体财力匮乏，难以提供农村幸福院正常运营所需的资金。③

村集体经济的不景气使得其难以支付农村幸福院水电气费，这使得农村幸福院难以正常运营，有些地方不得不采取间歇式运营或长期关闭的方式来应对资金不足的困境。④ 另外，很多村集体难以提供补贴支持，这导致部分农村幸福院缺乏一定数量的管理人员和服务人员，缩减了农村幸福院的服务范围，损害了农村老年人在农村幸福院的获得感和满足感，进一步降低了农村老年人参与农村幸福院的意愿。⑤

传统的养老观念影响了农村幸福院互助养老模式的发展。在传统孝道文化的影响下，农村老年人偏好于采取家庭养老的方式，而不容易接受农村幸福院互助养老这一新型的养老模式。⑥ 尤其是"养儿防老"等传统养老观念仍发挥着一定的作用，部分老年人拒绝进入农村幸福院中生活。⑦ 还有一部分老年人认为只有无儿无女的老年人才能选择去农村幸福院生活，⑧ 担心自己的子女因为自己进入农村幸福院而受到其他人的指责，出于保护自己子女名声的考虑而不愿意进入农村幸福院中生活。⑨

---

① 韩振秋. 我国农村幸福院问题、成因及对策——基于五省调研数据分析［J］. 学术探索，2020（5）：51 – 59.

②③ 张乃月. 合作治理视域下互助养老的协同困境及路径优化——以甘肃省 X 区农村幸福院为例［J］. 商业经济，2022（2）：148 – 150.

④ 罗格莲，林瑾文，潘志斌，周津. 福建省农村幸福院建设的制约因素与对策［J］. 乡村科技，2020（1）：22 – 25.

⑤ 张继元. 农村互助养老的福利生产与制度升级［J］. 学习与实践，2021（6）：104 – 115.

⑥ 苏琪. 村级养老服务发展路径研究［D］. 南昌：南昌大学，2021.

⑦ 罗瑶. 农村互助养老幸福院模式研究［D］. 长沙：湖南师范大学，2018.

⑧⑨ 石凤. 农村互助养老模式研究［D］. 青岛：青岛大学，2017.

此外，盲目跟风建设也影响了农村幸福院互助养老模式的可持续发展。韩振秋研究发现，一些地方在推动农村幸福院互助养老模式发展的过程中，存在着模仿和行政推动的痕迹，不按照当地的实际情况采取合适的方式来建设农村幸福院，而是侧重于覆盖率和床位数达到上级的要求，导致无效建设的情况出现，不少农村幸福院并不能满足当地老年人的实际需求，造成了资源的严重浪费。[①]

（四）农村幸福院互助养老模式的可持续发展路径

学界主要是从改善农村幸福院的外部环境着手探讨农村幸福院可持续发展的路径，也有少数学者从优化农村幸福院内部运行机制出发来实现农村幸福院的可持续发展，具体如下：

政府应加大顶层设计，统筹规划农村幸福院互助养老模式的发展路径，以实现其可持续发展。首先，政府应不断完善与农村幸福院互助养老模式相关的法律法规，为农村幸福院互助养老模式的可持续发展营造良好的制度环境。一方面，可以为农村幸福院的各类行为主体划定行为边界，厘清各自的权利、责任和义务。另一方面，也可以打消农村老年人的重重顾虑，提高其加入农村幸福院的积极性和主动性。[②] 其次，各地方政府还应将农村幸福院互助养老模式纳入当地的养老事业发展的长远规划中去。地方政府应拟订地方性法律法规为农村幸福院互助养老模式的发展提供政策和资金支持。更重要的是，要完善对农村幸福院互助养老模式的监管、评估和激励措施，统筹推进民政、卫生健康、住房和城乡建设等部门参与到农村幸福院互助养老模式的标准化建设中去。[③] 最后，地方政府还应培育不同类型的社会组织，加大养老专业人才队伍建设，吸引更多社会力量参与农村幸福院的建设中来。[④]

---

①② 韩振秋. 我国农村幸福院问题、成因及对策——基于五省调研数据分析 [J]. 学术探索，2020（5）：51－59.

③④ 邓亮. 资源禀赋视角下的农村互助幸福院可持续发展研究 [D]. 咸阳：西北农林科技大学，2021.

壮大村集体经济，实现农村幸福院互助养老模式由输血到造血的转变。村集体经济是农村幸福院互助养老模式实现可持续发展的重要经济基础，村集体经济的好坏直接关系到农村幸福院获取资金的数量。① 因此，要想发展好农村幸福院互助养老模式，就必须大力发展村集体产业，不断壮大村集体的经济实力。具体而言，有的地方鼓励创办"老年人田"，发展适老性农业，外出务工的青壮年定期回乡帮助老年人打理"老年人田"，帮助老年人增加一部分收入。② 还有的地方通过发展适老性手工业来增加老年人的收入，如福建一些地区毛竹资源丰富，动员年纪较轻的老年人手工编织竹筐、盆景或根雕等来增加收入。③ 有的地方还通过发展新兴产业来增加老年人的收入，如光伏发电产业等，通过在农村幸福院设置光伏发电装置，一方面可以减少农村幸福院的电费开支，另一方面还可以增加农村幸福院的一部分资金收入。④

虽然通过壮大村集体经济可以为农村幸福院互助养老模式提供可持续的资金支持，但目前相对较弱的村集体经济仍无法独自承担起农村幸福院的资金需求，因此，仍需要不断拓宽农村幸福院互助养老模式的资金来源渠道。⑤ 许多学者都认识到拓宽农村幸福院互助养老模式的资金渠道必须依靠社会各层级、各方面的力量的共同参与，包括宏观层面的政府到微观层面的老年人及其子女等。⑥ 具体而言，为了增加农村幸福院的资金来源渠道，应在政府财政资金投入的基础上，不断加大村集体经济的自我造血

---

① 陆杰华，郭芳慈，陈继华，陈迎港. 新时代农村养老制度设计：历史脉络、现实困境与发展路径［J］. 中国农业大学学报（社会科学版），2021，38（4）：113－122.

② 赵艳. 健康老龄化背景下我国农村养老服务供给多元合作模式研究［D］. 呼和浩特：内蒙古农业大学，2021.

③ 罗格莲，林瑾文，潘志斌，周津. 福建省农村幸福院建设的制约因素与对策［J］. 乡村科技，2020（1）：22－25.

④ 吴芳芳，刘素芬. 供给侧改革背景下"空心村"互助养老探究——基于三明大田县建设镇建丰村的案例分析［J］. 学理论，2020（7）：61－63.

⑤ 孙永浩. 我国农村幸福院养老服务问题与对策——基于对 S 省 B 市调研［J］. 山东行政学院学报，2019（5）：102－108.

⑥ 黄真. 三峡库区农村老年人参与互助式养老模式研究——以重庆市忠县农村幸福院为例［J］. 农家参谋，2020（15）：13.

能力和社会慈善公益捐助的收入。另外，还要引导社会资本以一定的方式进入农村幸福院互助养老模式的领域中来，包括普惠金融和创新保险基金等方式，逐步构建出层次多元、稳定连续、管理规范的资金来源渠道体系，从而为农村幸福院互助养老模式的发展提供充足的资金支持。①

宣传孝亲敬老文化，营造农村幸福院互助养老模式可持续发展的良好文化氛围。许多学者认为应引导老年人改变传统的养老观念，增加主动进入农村幸福院养老的意愿。② 这就需要政府部门加大宣传力度，一方面，让广大农村老年人知晓农村幸福院的服务内容、场所设施等；另一方面，大力宣传孝亲敬老的价值和意义，在全社会营造出尊重老年人的文化氛围，让老年人在农村幸福院中生活也能感受到家庭般的温暖。③

加大农村幸福院适老化改造力度，为农村老年人创造更加舒适的养老环境。④ 地方政府应就农村幸福院的适老化改造方面做出明确规定，制定实施细则，完善督察和责任追究制度。⑤ 在条件相对较好的农村幸福院要建设健康坊、怀旧坊、音乐坊、心愿坊、手工坊等适老化设施，既有助于丰富老年人的精神生活，也有助于老年人继续发挥余热。⑥ 冬季来临后，应为农村幸福院增设暖气等设施，以帮助农村老年人抵御严寒天气，促进身体血液循环。⑦

除了完善农村幸福院可持续发展的外部环境之外，朱火云和丁煜分析指出，还可以从农村幸福院互助养老模式的内部运行机制出发，提出要不断优化农村幸福院互助养老模式的运行机制来实现其可持续发展。具体而言，优化农村幸福院互助养老模式运行机制的关键之处在于达成纵向秩序

---

① ② 邓亮. 资源禀赋视角下的农村互助幸福院可持续发展研究 [D]. 咸阳：西北农林科技大学，2021.

③ 李旭菲. 农村空巢老年人养老社会支持研究 [D]. 长春：吉林财经大学，2021.

④ 常宇航. 农村幸福院可持续发展研究 [D]. 西安：西北大学，2018.

⑤ 河北省民政厅. 满足多样化多层次养老服务需求 [J]. 社会福利，2019（8）：59 - 60.

⑥ 周鹏. 以互助养老补齐农村养老短板 [J]. 人民论坛，2019（29）：92 - 93.

⑦ 张家口市民政局党组. 学习借鉴肥乡经验 让农村老年人生活的更幸福 [N]. 张家口日报，2019 - 09 - 12（004）.

整合机制和横向秩序协调机制之间的互嵌和动态平衡。一方面，有效整合农村老年人、老年协会和各类社会组织等多元参与主体，并在此基础上构建起基于民主协商的横向秩序协调机制；另一方面，要不断完善政府通过法律法规和行政命令等方式确立起来的纵向秩序整合机制，并使得这两种机制达成有机的衔接。实际上，横向秩序协调机制的构建离不开纵向秩序整合机制的引导和培育。①

二、时间银行互助养老模式相关研究

时间银行自20世纪末传入我国以后，虽然在一些地方也出现了创新性的做法，并取得了一定的成效，但仍面临着公众认知度较低、通存通兑受限和缺乏法律保障等问题。②

（一）时间银行互助养老模式面临的问题

1. 时间银行互助养老模式面临的制度障碍问题

虽然随着国家的重视，有关时间银行互助养老的一些法律法规陆续出台，包括全国层面的《志愿服务条例》《志愿服务记录与证明出具办法（试行）》等，③ 以及地方层面的《青岛市养老服务时间银行实施方案（试行）》《青岛市养老服务时间银行实施细则》《上海市养老服务条例》等，④ 这些规定和政策均有力地促进了时间银行的发展。但是傅丽从法律的角度出发，认为应该对法律条文进行细化，精确定义"时间银行"服务项目、劳动强度、时间货币的计量和兑换等标准，以建立制度实施的法

---

① 付俊锋. 基于互助式村镇集体养老设施规划与建筑设计的研究［D］. 郑州：中原工学院，2019.

② 朱珂. 时间银行养老模式的公众参与研究——以南昌市火神庙社区时间银行为例［J］. 社会福利（理论版），2021（1）：47 - 51.

③ 张亮. 时间银行：让互助养老在"邂逅"中更有温度［N］. 学习时报，2021 - 11 - 17（007）.

④ 陈松林，樊婷婷，高丽杰. 时间银行互助养老模式发展问题与对策［J］. 安徽建筑大学学报，2021，29（6）：88 - 92.

律体系。① 同时，加快时间银行互助养老模式的地方性法规的建设，对时间银行的法律地位、储户权利义务及责任、"储户"管理、培训时数、"储蓄"时数等做出明确规定，为其良性运行给予法律支撑和制度保障。② 此外，时间银行互助养老模式的发展还需要有特定的制度与法规的支撑，相关法律需对时间银行服务体系与具体行为监督并跟踪记录。③ 尤其需要明确有关部门的角色职能、服务主体和对象的权利义务，健全参与主体激励机制、监管主体权责与服务评估标准等，让时间银行互助养老服务的组织、实施、监管工作做到有法可依，有章可循。④ 由此可见，以上有助于时间银行互助养老良性发展的法律等制度体系仍处于不太健全的境地。

2. 时间银行互助养老模式面临的存取难题

在时间银行里，时间是唯一被认可的货币，可以自由存储和支取时间，体现为劳务或货币的延期支付。鉴于时间账户的重要性，时间银行必须制定公平的评分与考核标准及服务时间存储、支取机制，建立用户电子档案，对所有用户的个人信息和服务信息统一管理。⑤ 2019 年 2 月，中国平安推出了"存储—支取"公益时间币兑换互助服务模式——"三村晖电子时间银行"。⑥ 需要注意的是，我国的时间银行并不是注册实体，而是作为志愿服务的一种激励运作方式，甚至在操作形态上改变了时间存储与流通，而是将时间和积分进行了等值交换，因此是一种非标准化的时间银行运作。⑦ 更大的挑战在于，时间银行"存储"的劳动是非标准化

---

① 傅丽. 为"时间银行"互助养老打上"法律补丁"[J]. 人民论坛，2020 (15)：118 – 119.

② 黄岚. 互帮互助 推广"时间银行"养老模式 [N]. 四川政协报，2021 – 10 – 14 (003).

③ 叶瑜晨，周元媛. 老龄化背景下新型养老模式可行性分析——以铜陵市为例 [J]. 环渤海经济瞭望，2021 (3)：124 – 125.

④ 吴飞. 从单向志愿到网络互惠："时间银行"可持续发展的现实选择 [J]. 理论导刊，2021 (12)：89 – 94.

⑤ 李海舰，李文杰，李然. 中国未来养老模式研究——基于时间银行的拓展路径 [J]. 管理世界，2020，36 (3)：76 – 90.

⑥ 陈烁. 中国平安的"养老生态联盟"[J]. 中国人力资源社会保障，2019 (6)：36.

⑦ 曹新维，毕兰凤. 时间银行模式在社区互助服务中应用现状及展望——基于行动研究视角的比较分析 [J]. 安徽农业大学学报（社会科学版），2021，30 (6)：99 – 103.

的，很难换算。① 所以，谭樱芳（2015）认为，我国时间银行互助养老模式从时间的存储到转移再到提取的每一个环节，都存在一定的制度缺陷。②

时间银行互助养老并没有实现全国的联网，这导致了服务者只能在其所服务社区的时间银行中存储"时间货币"，而且待到其需要他人服务之时，也只能从该社区的时间银行中支取时间货币，并在该社区范围内接受该社区的时间银行所安排的互助服务。③ 因此，时间银行存在着通存通兑的困境。另外，时间银行存储支取的时间货币需要一种平稳的方式得到衔接运转，以实现互助养老服务延期支付，短期看供需矛盾不大，从长期看老年人各种不确定因素有可能导致时间货币收支失衡。④

3. 时间银行互助养老模式面临的参与不足问题

从实践层面看，时间银行作为互助养老的新方式，当前运营情况并不尽如人意，个别城市单个社区的零星探索，存在公民参与度低等问题，其症结在于现有时间银行各行其是，且过度依赖志愿者提供单向服务，忽视了时间银行基于互惠原则构建社会交换网络以增加社会资本的创设初衷。⑤ 另外，由于政府推进的区域化建设进程较慢，尚未构建出区域信息管理平台和服务价值换算指标体系，还未能实现时间银行区域统筹管理，也使得时间银行难以吸引较多民众参与进来。⑥

此外，时间银行互助养老模式还缺乏适当的风险补偿机制，这使得低龄老年人参与时间银行互助养老的积极性受到影响，进而影响时间银行活

---

① 刘远举. "时间银行"是养老难的解药？[N]. 中华工商时报，2021-10-29（003）.

② 谭樱芳. 时间银行应用于社区养老服务的"忧"与"思"[J]. 人力资源管理，2015（10）：4-5.

③ 许加明. "时间银行"模式应用于居家养老互助服务的思考[J]. 社会工作，2015（1）：74-80，126-127.

④ 傅丽. 为"时间银行"互助养老打上"法律补丁"[J]. 人民论坛，2020（15）：118-119.

⑤ 吴飞. 从单向志愿到网络互惠："时间银行"可持续发展的现实选择[J]. 理论导刊，2021（12）：89-94.

⑥ 樊玲，李磊. 健康中国2030背景下河南省健康老龄化体系优化研究[J]. 江苏商论，2021（11）：70-72，90.

动参与度。① 时间银行互助养老模式还存在着中老年人参与多、年轻人参与少的问题，② 这主要是因为时间银行的存取使用周期比较长，自身未来养老保障不确定性比较高，从而影响了公众参与互助养老服务的意愿。③ 并且，由于时间币既无法转让，也无从转移，使时间银行失去了银行的某些基本功能，也使得时间银行的社会参与度不高。④

很多老年人对时间银行互助养老模式缺乏了解，这也导致了部分老年人难以参与其中。特别是农村老年人对于对时间银行的知晓度不高，不了解时间银行的作用及运行机制，从而时间银行的参与度较低。⑤ 此外，由于未实现时间币的通存、通兑，大学生志愿者毕业后离开学校所在城市，便无法继续参与服务，这也影响了时间银行的参与度。⑥ 而许多老年人往往存在着身体疾病、心理等各方面的问题，这也导致了时间银行互助养老的参与度较低。⑦

（二）时间银行互助养老模式问题的解决对策

1. 完善时间银行互助养老模式的制度体系

国外时间银行运作成功的一个重要条件，就是政府为时间银行提供多方面的政策支持与保障。目前，南京、上海、青岛等地均在积极推进养老服务时间银行制度建设。但时间银行进入我国已有 20 年之久，国家还未

---

① 麻肖立. 城市社区互助养老的问题与优化研究 [D]. 南昌：南昌大学，2021.

② 高颖，关晓清，王希超，关琰珠，李承瑞，夏博宇. 积极老龄化视角下时间银行互助养老模式 [J]. 中国老年学杂志，2021，41（9）：2004 - 2008.

③ 刘梦念. 我国"时间银行"互助养老模式分析 [J]. 合作经济与科技，2021（22）：164 - 166.

④ 宋峰，潘峰. 社区养老资源不足背景下"时间银行"发展模式研究 [J]. 科技创业月刊，2015，28（5）：63 - 64.

⑤ 朱玉龙. 武汉市社区老年人"时间银行"养老模式参与意愿及影响因素 [D]. 武汉：湖北中医药大学，2020.

⑥ 王晓斐. 时间银行在我国社区养老服务中存在的问题及发展对策研究 [J]. 江西电力职业技术学院学报，2019，32（7）：163 - 165，168.

⑦ 史文婷. 基于公共时间银行的西安市××区"互助式"养老方式探析 [D]. 西安：西安理工大学，2017.

从立法层面对其进行规范和保障。因此，我国应尽快出台相应的法律法规，确立时间银行的合法性、准入者的条件、会员的责任和义务、监管部门的职责、风险的判定和赔偿标准等，以引导时间银行规范运营管理。此外，地方政府也要积极开展地方法规的制定，在遵循宏观立法的前提下，结合本地的经济文化和时间银行的开展情况，制定符合本地区的时间银行管理和运作的细则，规范时间银行的制度管理。①

在具体操作层面，国内时间银行互助养老主要以社区中高龄和病残老年人为主要服务对象，老年人发生安全事故的风险本来就比较高，在面对高龄老年人和失能老年人时，更需要明确地规定对时间银行互助养老活动中发生的安全事故的处理及责任认定进行说明。时间银行服务者具备法律意义上"志愿者"的相关特征，长远来看，需要制定专门为时间银行服务者提供保护的法律法规。②

另外，政府出台政策构建时间银行标准化的运行制度是保障时间银行规范性地应用于社区互助养老服务中的基础，从顶层设计层面根本上解决时间银行的无法形成可复制模式的问题。③ 政府部门还可以制定相关政策鼓励社会各界人士积极参与到时间银行互助养老服务之中，对于参与到互助养老过程中的企业，无论是提供资金支持，还是在保证质量的情况下提供本公司的产品及服务，政府都要给予其适当的优惠政策，如税金减半、较低贷款利息等予以鼓励，这样能够促进时间银行互助养老模式进一步的发展。④

2. 提高时间银行通存通兑能力

首先，时间银行要及时、全面、连续、系统地记录和反映志愿者在服

① 杨红艳. 从商业银行的角度解析"时间银行"的困境 [J]. 经济研究导刊, 2019 (32): 128 – 130.

② 高文兴. 我国时间银行广泛应用于互助养老 [N]. 公益时报, 2021 – 10 – 12 (014).

③ 杨庆凰. "时间银行"：城市社区互助养老服务模式研究 [D]. 长沙：湖南师范大学, 2020.

④ 孙丹丹."时间银行"互助养老模式面临的挑战与发展方向 [A]. 劳动保障研究会议论文集（四）[C]. 成都：四川劳动保障杂志出版有限公司, 2020：33 – 35.

务存储、提取、结存中的运营情况，科学、公正、精确、合理地进行核算。为此，服务时间账户的记录、统计除了初始时间外，还可按每项服务的技术含量、劳动强度进行分类、换算、统计。分类标准可按技能、劳动强度分为初级积分、基本积分、较高积分、复杂积分四等。不同类别的服务，应分别赋予不同的换算系数，这一点应事先作明文规定，才能在核算时有案可稽，避免操作记录中因随心所欲而造成人为不公和可能纠纷。①

其次，计划设立全国时间银行信息网，个人账户的服务信息、货币信息等纳入全国时间银行信息网中，志愿者和服务对象可在全国各时间银行存储和提取服务、享受服务、兑换时间货币等，真正实现跨区域、无障碍兑付的通存通兑，解决时间银行碎片化的问题。② 借助于强大的互联网信息平台，服务者和服务对象在时间银行存储和提取时间积分更加快捷方便，也可以根据网站里发布的服务种类，及时找到符合自身所需的服务提供者，从而提高时间银行里时间积分的存储——提取效率。③

最后，政府应从战略高度出台正式文件，对时间银行在互助养老服务中的账户的开立、储户的权利和义务、时间货币的存储、支取等做出明确的政策规定，以此来规范各地时间银行的具体运作，让时间银行各项工作的开展做到有据可依。④

3. 提高时间银行互助养老模式的参与度

人们在参与时间银行时，是基于对时间银行的信任，相信可以通过提供服务获得相应的回报。因此，要提高以社区为依托的时间银行的参与度，需要完善以社区为依托的时间银行的信用担保机制。一方面，要保障和增强社区的公信力。政府要加大对社区的支持力度，增加资金投入，确

---

① 夏珏滢. 对我国设立养老互助时间银行的可行性探索 [J]. 中国商论，2020（2）：228 – 229.

② 丁慎毅. 当你老了 [N]. 中国老年报，2021 – 11 – 25（003）.

③ 赵思凡. "时间银行"引入互助养老服务的实现路径研究 [D]. 西安：西北大学，2017.

④ 许加明. "时间银行"模式应用于居家养老互助服务的思考 [J]. 社会工作，2015（1）：74 – 80，126 – 127.

保时间银行的基本运行；另一方面，可以增加时间银行的第三方担保，比如以政府、保险公司作为第三方担保，进而提高人们对时间银行的信任度。①

人力资源的注入是时间银行互助养老服务模式得以运行和发展的基础，也是实现养老服务资源的社会交换基础，而社会公众的参与度在很大程度上取决于他们的了解程度和信任度。有关部门可以加大各地有关时间银行养老模式的宣传力度，提升群众认知水平，那么时间银行的参与度也将大大提高。②

另外，不断完善时间银行的管理章程，提高时间银行建设水平，健全服务质量评价方法，建立科学的奖惩体系，合理转换服务内容价值差异，完善供需双方匹配系统，以提升参与者的满意程度，较高的满意度将给时间银行带来良好的美誉度，以此可以吸引更多的民众参与到时间银行互助养老模式中来。③ 例如，分布在不同地域的时间银行可以不定期开办公益健康护理课程，向全社会人员开放，既作为公益福利，也让群众在学习过程中了解互助养老的魅力，感受互助养老带来的满足感，以提高民众对时间银行互助养老模式的认可度和参与度。

三、"互联网＋"互助养老模式的相关研究

"互联网＋"互助养老模式将资料集中到一个信息系统中，该信息系统可使老年人始终处于实时被检测到的状态，也就是无论老年人是在家休息，还是在社区中走动，如遇突发意外紧急情况，能及时发现，当下做出反应，从而为老年人提供整体、全方位、多元化的配套服务。因此，在

---

① 杜偲偲，黄颖. 南京"时间银行"养老模式发展现状与提升策略［J］. 商业经济，2021（12）：26－27，174.

② 杨庆凰."时间银行"：城市社区互助养老服务模式研究［D］. 长沙：湖南师范大学，2020.

③ 张洁. 时间银行视角下农村互助养老机制探索——以陕西 Y 县为例［J］. 生产力研究，2020（4）：65－69.

"互联网＋"的模式下，将社区老年人组织起来，参考"时间银行""爱心积分"等具体形式，参与服务的老年人将其服务时间或积分累积起来，日后当自己需要他人帮助时，可消费同等积分来获取相应的服务。这样使得老年人发扬互助精神，乐于参与进来，不出远门获得参与感，实现自身价值。[1] 从"互联网＋"互助养老相关文献分析得出互联网技术参与互助养老模式具有一定正向作用。[2]

（一）"互联网＋"互助养老模式的优势

1. 有助于整合互助养老资源

不同地区之间信息交流缺乏导致了互助养老资源的分散，各种养老资源无法得到有效的共享与整合。鉴于此种情况，互联网自身具有极强的共享性，加上大数据的支撑，各个互助养老院之间可以实现资源的共享，极大地加强了养老资源在不同养老院之间的流动。例如，老年人通过互联网的方式将自己的详细信息登记到个人信息账户中，不同养老院可以通过"云数据"平台，在线实时查看每位老年人的信息。互联网还可以对互助养老服务中不同层次、不同种类的资源进行主动筛选和识别，可以主动屏蔽掉一些会对老年人产生误导作用的信息，为老年人提供一个洁净的信息环境。

2. 有助于提高互助养老效率和质量

老年人多年来形成的生活习惯和生活圈子，使得他们获取信息的途径相对比较单一，信息也无法在第一时间传递到他们手里，互联网作为桥梁则能够很好地提高信息传递的时效性，让信息能够更好地在老年人与其他主体之间传递。老年人通过互联网的方式，能够接触到一些较为新颖的信息，能够在很大程度上拓宽老年人的视野。除此之外，互联网还会将全国各地的互助养老院暴露出的问题予以公开，可以有效地对自身的养老工作

---

① 丁艳琳."互联网＋"背景下的城市社区互助养老模式构建 [J]. 智能计算机与应用, 2020, 10 (2): 346–347, 352.

② 索嘉岑."互联网＋"城市社区互助养老模式研究 [D]. 杭州: 杭州师范大学, 2019.

进行预防和监督，也能够让社会大众更好地了解互助养老开展工作的流程。

3. 有助于降低互助养老的风险和成本

互联网自身具有高效、方便快捷的特点，"互联网＋"互助养老新模式将以老年人信息数据库为基础，形成多方协同合作下的互助养老平台体系，能够在很大程度上降低、节约养老的成本。"互联网＋"互助养老的新模式为老年人提供了全新的养老服务平台，省去了原本需要找人照顾老年人的费用，也使得家人能够腾出时间去更好地投入工作。"互联网＋"将所有信息公开透明，能够很好地避免一些养老的风险。①

（二）"互联网＋"互助养老模式面临的问题

1. 法律法规不完善

目前，关于互助养老模式，还没有全国性法律法规的出台，虽然各个地方结合实际情况制定了一些促进互助养老发展的规定或办法，但大多停留在政府文件的层次，缺乏更高层级的人大立法作为重要的法律支撑。同样的问题也存在于"互联网＋"互助养老模式的发展过程中，作为新兴的互助养老模式，其内涵和外延尚不完全清晰，与其直接相关的法律法规更是处于空缺的状态，而法律法规的不完善直接影响了"互联网＋"互助养老模式的健康发展。

2. "互联网＋"的信息化水平不高

一是终端与平台信息不融通。由于各个智能终端产品没有统一的标准，其功能也各具特色，使得老年人自行购买或社区发放的智能终端无法相互连接，这就导致信息不融通，数据无法全面收集起来，形成数据孤岛和数据烟囱，老年人的身体和生活状态不能被及时了解，在面对心理和生理问题时不能及时做出反应。二是平台与服务商和其他服务者群体信息不

---

① 张昊，徐元善. "互联网＋"农村智慧互助养老新模式研究［J］. 电子商务，2020（2）：19–20.

融通。在"互联网+"养老建设工作开展的过程中，老年人、基层政府、服务商和志愿者之间往往存在着信息不对称的问题。如由于家庭或老年人都没有直接接触供应商，老年人通过热线呼叫供应商，并不知晓其服务质量的高低。三是社区和社区之间的信息不融通。目前的养老平台均以社区为单位，各个社区之间缺少信息共享的机制，共享养老的资源分配无法合理有效进行，最终导致资源无法盘活。

3. 民众的参与度不高

平台在引入社会各界力量的同时，也使得平台缺乏相关的安保机制，例如，临时志愿者登记的信息是否完备，服务人员有无犯罪、失信记录，服务公司是否有违法经营的行为记录等。这些安全隐患都会造成部分老年人在面对"互联网+"互助养老模式时存在一定的怀疑态度，因为他们担忧自己的人身安全，不敢轻信陌生人。除此以外，在"互联网+"互助养老模式的建设方面，由于政府并未对"互联网+"互助养老模式开展有效的保障机制建设，使得老年人无法形成对政府公信力的有效感知，进而担心"互联网+"互助养老模式的有效性和持久性。

（三）"互联网+"互助养老模式存在问题的解决对策

1. 完善政策法律

政府政策应与养老需求相配套。政府出台鼓励性政策，相关部门如民政、教育、老龄办等要积极促进养老政策的落地实施，统筹布局，积极引导专业医护志愿团队和个人参与其中。同时，政府大力扶持"互联网+"互助养老模式发展，可有效降低社会组织运营成本，激活民营企业等经济主体的主动性和创新性，为"互联网+"互助养老模式营造良好生态环境。由于"互联网+"互助养老政策已成为我国社会保障制度的重要一环，其法制化、规范化必须要按照科学的方法，依据社会保障法律体系建设的严格要求，遵循先易后难、先急后缓的原则，循序渐进，合理实施。

2. 完善支持系统

"互联网+"依托于互联网信息技术与云计算平台，"互联网+"互助养老模式要基于服务系统开展服务。在"互联网＋"互助养老服务系统构建过程中，首先应建立起社区养老信息平台，将所有老年人的身体健康情况、服务需求等信息归档，并且存储在不同类别的信息资源数据库中。在社区养老信息管理系统中，要下设养老机构、紧急求救、医生咨询、信息发布、风险监控等服务窗口，对不同服务需求进行分类管理。在"互联网＋"互助养老服务系统的基础上，要搭建互助养老硬件平台。养老硬件平台能够实现家庭、社区与养老服务志愿者的联通，在家庭或老年人社区中，要提供相应的智能连接设备。"互联网＋"互助养老服务系统、互助养老硬件平台与志愿者协同配合，共同为老年群体提供精准服务，并支持老年群体之间开展互助养老服务。①

3. 提高民众参与度

作为养老事业的服务对象，老年人的养老意识和养老理念具有多元化和个性化的特征。政府应加强对"互联网＋"互助养老模式的正向宣传和引导。利用政府公信力普及这一模式的安全性、可行性和科学性，尽可能降低老年人对"互联网＋"互助养老模式的排斥，打消他们的顾虑。同时，政府还应尽可能地向社会各阶层宣传互助养老的优势，尤其以"互联网＋"互助养老模式为例，强调其资源利用和技术推进的可行性，打造"老吾老以及人之老"的良好社会风气。②

四、文献评述

综上所述，国内互助养老模式的研究成果已经比较丰硕，也具有比较鲜明的特点：现状研究多以区域性案例研究为主，问题研究覆盖互助养老运营的各个阶段，影响因素研究从法律法规的缺失逐渐深入地方政府的行政层面，对策研究则越来越精准化。然而，仍然存在着一些问题和不足。

---

① 曹莹，苗志刚．"互联网＋"催生智慧互助养老新模式［J］．人才资源开发，2018（23）：91－92．

② 马建铭，王淑翠，宣峥楠，俞金君．我国"互联网＋"社区互助养老的发展路径［J］．区域治理，2020（4）：63－65．

一是现状研究多以点状案例为主，缺乏宏观层面的总体性分析，不利于政府部门把握互助养老模式发展的整体状况。二是问题研究多停留在资金困境等几个较为明显的问题上，较少对互助养老内部问题展开深入的剖析。三是影响因素的分析不太全面，仍需要进一步拓展研究的范围。四是对策研究不够充分，仍没有形成足够的学术碰撞和交流，需要更多的学者投入到这个领域。五是以往研究并没有探讨互助养老的历史演进脉络，缺乏历史的研究视角。六是大多数研究为定性分析，缺乏规范的定量研究。因此，未来研究应开展大范围的面状研究，深入剖析互助养老模式存在的深层次问题，不断扩展影响互助养老模式发展的诸多因素，探寻推动互助养老模式可持续发展的更科学、更具操作化的路径。

第三节　理论基础

一、福利多元主义理论

20 世纪 70 年代，西方福利国家进入福利危机，主要表现为出生率和工作动机的急剧下降。人们开始反思过度福利带来的社会问题，并提出重建新福利体系的新思路。福利多元主义理论应运而生，主要指的是通过发挥社会和市场的双重作用，社会和市场均参与到国家福利保障体系中，克服了政府单一保障的弊端，更加强调全方位、多功能的社会保障体系。

福利多元主义理论是沃尔芬登（Wolfenden）在 1978 年提出的，它提倡各种形式的福利共存、互补和相互支持，从而得到了国家层面的支持。福利多元主义理论强调市场力量融入社会保障，市场承担一定的社会保障责任。例如，社会保障由国家监督的私人或非政府社会团体提供，国家可以从单一的保障主体中解放出来。政府应与市场参与者达成协议，帮助他们参与社会保障。一方面，市场参与者可以根据协议精神更好地保障社会福利；另一方面，它应该为市场参与者提供政治支持，使他们能够获得价值和利润。通过政府和市场共同承担社会保障的整体职能，使得社会整体的福利得到了有效的提高。

另外，福利市场的出现也间接促进了福利多元主义的形成，这是市场环境下发展和传播的主要内容。福利多元主义是一种指导思想和方法，从我国社会服务业的现状来看，社会服务提供者仍需履行相关义务，但相比之下，其履行义务的方式存在一定差异，主要体现在服务主体的转变和不同消费模式的选择上。在服务提供过程中，政府起主导作用，以决策和维护市场服务秩序为主要任务。总的来说，福利多元主义理论给我们提供了一个新的分析视角，在发展互助养老模式的过程中，不能单纯地依赖政府的力量，还要发动社会组织和市场机构的力量，充分调动社会市场参与者的积极性，以推动互助养老模式的健康发展，最终完善和发展我国的社会保障体系。

二、社区照顾理论

19 世纪，英国民众对贫穷法案老年人机构照顾的批评催生了社区照顾理论。它最初广泛应用于心理健康领域，直到 20 世纪中叶才扩展到老年照顾领域。虽然社区照顾众所周知，但对它的理解存在差异。由于各地的社会保障制度和文化背景各不相同，应达成一项普遍共识，即需要照顾的老年人应由各地的非正式社区网络和正式社会服务机构共同支持。在这里，非正式的社区网络通常由家庭成员、亲友、邻居和其他群体组成。正式社会服务机构包括各种政府和非政府专业服务机构。

学术界对社区照顾的定义有不同的解释。1989 年的英国《社区护理白皮书》定义了社区照顾，指的是提供适当水平的干预和支持，使人们能够最大限度地自力更生并控制自己的生活。而阿伯斯认为，社区照顾由非专业人员提供，他们在家中生活或工作的环境中提供帮助、支持或护理。

它还涉及动员非正规群体，如家庭和志愿团体，为有需要的人提供照顾；总体的目标是确保服务对象能够在自己的社区或环境中独立生活。

在各种社会思潮的推动下，社区照顾的影响越来越大，越来越多的人支持这种形式的社会救助方式。他们认为，虽然目前的社会福利制度较好，但正是因为这些正规的社会福利机构开始将老年人与整个社会隔离，缺乏人文关怀，过分强调专业服务，从而导致整个服务流程非常僵化，缺乏人性化。因此，它们无法更好地满足不同老年群体的独特性需求。这对老年人的身心健康和生活质量产生了负面影响，政府的负担也变得过重。值得一提的是，在完善公共服务体系的同时，政府还应该积极推动社区照顾的发展，鼓励民间社会提供社会救助，以创造和谐的社区环境，优化社区资源。随后，许多国家（地区）纷纷效仿英国，完善社区照顾体系，使社区照顾走向成熟。日本学者早川和男认为老年人应该继续生活在他们熟悉的地区，并提出了"在宅福利"的概念。我国台湾学者黄耀荣说："本地老龄化意味着居民生活在原来的环境中，不会迁移到其他地方。老年人仍然可以有熟悉的人、事和物，可以过上舒适的生活。社区照顾鼓励老年人留在他们居住的社区，并通过正式的社会服务和非正式的支持系统为他们提供多元化的服务。"[①]

三、社会支持理论

20世纪70年代，弗兰西斯·卡伦正式提出了社会支持的概念。该理论首先应用于精神病学，然后应用于社会学、心理学、医学和犯罪学。根据这一理论，人类的生存必须与外部环境保持密切联系，并在与周围环境联系的同时形成社会支持网络。人类对外部环境的适应性取决于网络所获得的支持。林南认为，社会支持系统包括政府、社会组织、社会团体和个人。弗兰西斯·卡伦将上述支持分为正式支持和非正式支持。

---

① 黄耀荣. 实现"在地老化"终生住宅发展形式探讨 [J]. 台湾老年医学杂志，2006（3）：139.

学术界普遍认为，一个人或社会组织得到的社会支持越多，其就越能适应社会。通过扩大社会支持网络，促进社会支持的获取和利用是非常有效的。社会支持网络重视个人对非正式社会资源的创造性利用，更强调来自正式支持的资源。1995 年，徐勤对正式支持和非正式支持进行了界定，认为正式支持包括政府和基层组织；非正式支持来自其他家庭成员和非家庭成员的支持。非家庭成员指有爱心的邻居、朋友和志愿者。随后，中国人民大学姚远教授提出正式支持应该是政府、居委会、村委会等基层自治组织实施的有组织支持，如村委会和互助养老机构为老年人提供生活支持和权益保护等；非正式支持是对弱势群体提供的具体支持，如子女陪伴、社区援助和非营利组织的志愿服务。

第四节　研究方法

一、文献研究法

文献研究法是在全面收集和整合现有学者研究成果的基础上形成更深层次认识的一种方法，这是进一步发展现有研究成果的基础。本书在借鉴现有老年人互助养老模式研究成果的基础上，对老年人互助养老模式的实践困境及其对策进行了研究。本书在包括中国知网在内的各种网络平台上查阅了大量优秀博士论文、期刊和学术论文，阅读了大量线下纸质文献，掌握国内外关于互助养老模式等方面的研究和国家政策，为本书的写作奠定了资料基础。此外，本书通过对大量资料的整理和查阅，广泛收集了互助养老的类型、存在的问题及相应的政策建议等信息，并通过系统分类阐述了不同学者的观点，在此基础上，进一步研究，最终形成对互助养老发展现状的全面掌握。

二、实地调查法

实地调查法指的是应用客观的态度和科学的方法，对某种社会现象，在确定的范围内进行实地考察，并收集大量资料以探讨某种社会现象和社会问题。具体方法包括问卷调查法和访谈法。访谈法指的是通过设计访谈提纲，对政府干部、村干部、互助养老机构负责人、已参与民众等进行访谈，掌握当地老年人个人基本信息及对互助养老模式的了解，重点了解互助养老模式的管理制度、生活照料、医疗护理和精神慰藉等情况，访谈对象共有 25 人。而问卷调查法主要是通过问卷收集的有效信息分析互助养老现状，结合社会支持理论找到互助养老存在的问题，制约互助养老发展的因素，对互助养老的运行现状提出对策，优化互助养老模式的发展路径。本书采用方便抽样的方法发放问卷 500 份，回收 450 份，其中有效问卷 429 份。

第五节　创新与不足

一、创新

（一）视角创新

与以往研究相比，本书从人类社会的互助传统与实践的宏大视角切入，通过对我国周代等不同朝代的互助养老实践的阐述，表明我国自古以来就有互助友爱、守望相助的养老文化传统，互助养老在我国拥有悠久的历史和较为深厚的文化根基，传统的互助文化构成了互助养老的社会基础，同时也证明了互助养老在我国的发展颇具必要性和可行性，从而为本书的研究打下了坚实的历史合理性基础。

（二）内容创新

以往研究在分析互助养老的实践困境时，一般聚焦于互助养老运营阶段的实践困境，较少谈及互助养老创立阶段所面临的实践困境。实际上，互助养老创立阶段所面临的实践困境对其健康发展造成的影响也非常大，应该对其进行专门的阐述。本书对互助养老创立阶段的实践困境展开针对性分析，进一步丰富了互助养老实践困境的内容体系。

（三）对策创新

与以往研究所提出的完善法律法规体系、扩大资金渠道等对策相比，本书通过研究发现，应充分发挥政府的主导性作用，尤其是在政策和法律保障建设方面，这是发展互助养老的基础和前提。因此，本书提出互助养老问题的基础性解决策略：发挥政府主导作用，加强政策和法律保障体系建设。在实践过程中，阻碍互助养老健康发展的最关键因素为资金因素，因此，本书提出互助养老问题的支柱性解决对策：加大政府财政投入力度，构建互助养老可持续运行的资金渠道。此外，本书把加强互助养老场所自身建设等措施划到辅助性解决对策范畴里，提出互助养老问题的辅助性解决对策：通过健全内部管理制度等措施促进互助养老的良性发展。

总而言之，本书在对策层面共分为三个层次，根据对策所发挥的作用分别概括为基础性解决策略、支柱性解决策略和辅助性解决策略。与以往不加以概括和分类的对策相比，本书的对策部分重点突出，结构完整，针对性也更强。

二、不足

（一）调查问卷数量不足

本书所回收的有效问卷共 429 份，问卷覆盖的范围也较为有限，采取的方便抽样方式也难以保障问卷资料的代表性。因此，后续研究应加强问卷调查的设计和发放，通过分层抽样的方式来强化问卷资料的代表性，通过大样本的问卷来保障资料获取的充分程度，以收集到更多的一手资料。

（二）理论研究不够深入

本书偏重于实证分析，对互助养老的理论研究不太深入。一方面，在已有理论的深层次应用方面存在着不足；另一方面，还未能在研究结论的基础上构建出新的理论，导致本书的理论研究部分较为薄弱。以后，可以尝试引入新的理论指导研究，并争取形成本土化的互助养老理论观点。

第二章

人类社会的互助传统与实践

第一节　人类社会的互助传统

一、互助的内涵

人是社会动物，注定要过社会生活。人的生存境遇的获得和人自身价值的发挥，不可能在个体自身的范围内独立完成。可以说，互助是人类社会生活的重要驱动因素。科学意义上的互助，即蔡元培说的互通有无，或者人们常说的是有力出力、有钱出钱。简言之，就是在"相互"的层面上表现出行为。没有大量个体之间的"互助"行为作为基础，就不可能达成群体层面上的大规模的相互帮助。基于这种认识，其内容主要有以下几个方面。

（一）自助

互助的美德之美在于人们通过互相帮助来充实自己，使生活变得更好。其实，互助不是一个人孤立的行为，它一定是在人与人之间的关系中开展。因此，如果每个人都能管理好自己的生活，真正做到自助，就不会给别人增加困难，也不会给社会增加负担，这本身就是助人行为的一种。

因此，一个人不仅要把自己的责任放在心上，而且还不能忘记自己对他人应尽的责任和义务。也就是说，为了人际关系的完善，每个人都应该承担起自己应尽的责任。正如公私是对立统一、一体两面的一样，没有私，也就没有了公，"公"字下部就是"厶"，即私。所以，没有了自己，也就没有了别人。自我和他人是在相互联系的背景下产生的概念，公私离开任何一方都不能独自存在。从这个意义上来说，做好了自己，不麻烦他人，就是对他人的帮助了。"先王之所以为法者，人也，而己亦人也。故察己则可以知人，察今则可以知古。古今一也，人与我同耳。"①

自助是减轻他人社会负担的最基本工程，是互助美德的必然内涵之一。"幼稚之年，不能不倚人以生，然苟能勤于学业，则壮岁之所致力，足偿宿负而有余。平日勤工节用，蓄其所余，以备不时之需，则虽衰老疾病之时，其力尚足自给，而不至累人，此又自助之义，不背于互助者也。"② 由此可见，蔡元培的节俭自助思想，作为互助的一部分，具有十分积极的意义。

扩而展之，如果每个人自觉尽己所能保护好周围的公共卫生环境，也是在行助人之事。也就是说，我们要把保护公共卫生作为一个居民的基本义务，不把自己排除在公共领域之外。在这个方面，蔡元培的观点也是值得我们认真思考的："吾既受此公众卫生之益，则不可任意妨碍之，以自害而害人。毋唾于地；毋倾垢水于沟渠之外；毋弃掷杂物于公共之道路若川流。不幸而有传染之疾，则亟自隔离，暂绝交际。其稍重者，宁移居医院，而勿自溷于稠人广众之间。此吾人对于公众卫生之义务也。"③

（二）人与人的互助

人与人之间互助的关键是互惠。蔡元培讲过，"西人之寓言曰：'有

---

① 陈奇猷校释. 吕氏春秋新校释 [M]. 上海：上海古籍出版社，2002：944.
② 高平叔. 蔡元培全集：第 2 卷 [M]. 北京：中华书局，1984：444.
③ 高平叔. 蔡元培全集：第 2 卷 [M]. 北京：中华书局，1984：422.

至不幸之甲、乙二人。甲生而瞽，乙有残疾不能行。二人相依为命：甲负乙而行，而乙则指示其方向，遂得互减其苦状。'甲不能视而乙助之，乙不能行而甲助之，互助之义也。""甲之义务，即乙之权利，而同时乙之义务，亦即甲之权利：互相消，即互相益也。推之而分工之制，一人之所需，恒出于多数人之所为，而此一人之所为，亦还以供多数人之所需。是亦一种复杂之互助云尔。"① 这里对互助的定义是从人际关系层面推导出来的。

（三）人与自然的互助

2012年11月8日，在中国共产党第十八次全国代表大会上正式提出"五位一体"总体布局的科学阐述，即经济建设、政治建设、文化建设、社会建设、生态文明建设五位一体，把生态文明建设提高到战略层面。从这个角度看，互助的重要内容就是人与自然的互助共赢。但受人类中心主义影响，西方近代工业革命以来，人类理性被片面地发展和演绎。也就是说，人类总是重视理性价值的实现，只把宇宙作为实现理性价值的场域或工具，把宇宙作为人类理性价值的实践场，把自己作为宇宙舞台上的主人和行动者，其他的东西只是作为人类的辅助角色或工具。

事实上，面对能源枯竭和环境污染的危机，人类如何评价自己的价值？这是一个必须考虑的问题。这场危机无疑是人类肆意利用自然资源的结果。在万物之中，人是最具灵性的动物，这一客观现实正是人类在宇宙中负有最大责任的原因。要实现人的最大价值，最重要的是要认识到其他事物的价值和自然的价值。20世纪80年代，随着西方工业发展造成的环境污染日益严重，一些哲学家开始关注自然本身的价值。而且，关键之处是要提醒人们认识到自然的价值，不要忽视对自然价值的考虑。

大自然有着自己与人类沟通的独特方式，人类面临的危机，实际上是自然与人之间的一种沟通与对话方式。然而，人类对它的关注还不够。这

---

① 高平叔. 蔡元培全集：第2卷 [M]. 北京：中华书局，1984：422.

可能与人类习惯于自我中心的方式有关。总之，人与自然的互助是人类作为万物之灵的必然内容、时代要求和重大责任。①

综上所述，互助包括了自助、人与人的互助、人与自然的互助三个层面，不过，我们这里所关注的更多的是人与人的互助层面。下面，我们就人与人互助的传统进行一次回溯，以更加全面地了解互助传统的起源。

二、互助传统的回溯

互助指的是一种人们通过相互帮助来解决彼此困难的行为活动，互助既是人类历史上非常重要的一种社会交换行为，也是现在日常生活中普遍发生的一种社会文化现象。② 互助有着悠久的历史传统，自古至今，人类的社群生活都存在着类型多样的互助形式，包括中国的义庄、英国的济贫法案等。然而，学者们对互助的看法却呈现出较为明显的分歧。例如，作为达尔文主义最强有力的支持者赫胥黎，在他的《生存竞争和它对人类的意义》一书中，这样说道："最弱的和最愚钝的要失败，而那些最顽强和最狡猾的，在其他方面并不是最好，只是最能适应他们的环境的便生存下去。人生是一场连续不断的自由混战，除了有限的和暂时的家庭关系以外，霍布斯所说的个体与整体的斗争是生存的正常状态。"

按照赫胥黎的观点，除了基于血缘关系之上的有限互助行为之外，人类社群并不存在着普遍意义上互助行为。但即使是信奉适者生存的自然法则为圭臬的学者们也不能否认，自然界中除了种群之间经常发生的斗争和残杀之外，还存在着同样多的同一种群内部的互相帮助和互相维护的行为。③ 因此，斗争与互助都是自然世界与人类社会生活中的重要组成部分，偏重于任何一方或者忽视任何一方都是不客观、不科学的表现。我们

---

① 许建良. 理论视域下的传统美德"互助"论［J］. 淮阴师范学院学报（哲学社会科学版），2016，38（2）：153－161.

② 卞国凤，刘娜. 乡村互助传统及其变化与乡村社会福利建设［J］. 未来与发展，2010，31（6）：20－24.

③ 克鲁泡特金著. 互助论［M］. 周佛海，译. 北京：商务印书馆，1933：20.

主要关注的是人类社会的互助行为，那么，人类社会的互助传统又是什么样的呢？

按照人类学家的研究，在上一个冰川时代的后期出现了原始人类，并逐渐形成了一些原始部落，这些部落散布于各大洲。当时的原始人类，被后世称之为"蒙昧人"，他们包括爱斯基摩人及其在格陵兰、美洲北部和西伯利亚北部的同种，还有南半球的澳大利亚人、巴布亚人、费强人和一部分布西门人，另外在喜马拉雅山脉、大洋洲的高地以及巴西的高原上也发现了蒙昧人生存过的痕迹，这就是所谓的人类社会的蒙昧时代。

在人类社会的蒙昧时代，先后出现了原始部落及在此基础上形成的氏族组织，氏族组织延续了数千年之久，其持久的历史存在本身就说明了原始人类社群并不是缺乏秩序的，也不是只听从个人情欲的支配从而陷入了个体之间无休止的斗争。可以说，人类社会在最初的几个阶段时，社会的本能便在人类个体的心中嵌入了深深的烙印。一个蒙昧时代的原始人，能够在一个原始部落或氏族组织中生存，并自愿服从能够约束其欲望的部落习俗，就说明他早已经不是一个没有伦理原则的动物本能性存在了。从人类学者考察获知的原始部落的各种表现来看，流行于现代社会的毫无约束的个人主义绝不是原始人的行为特点，相反，互帮互助才是原始部落人群的日常行为模式。[①]

以布西门人为例，虽然布西门人因为受到了西方殖民者的残酷屠杀而灭绝，但人类学家还是从屠杀者口中获知到了一些有关布西门人的生活片段。他们发现，布西门人是依靠部落开展生产生活的，不同部落之间也会结成联盟。布西门人结伴打猎，且从不因为分配猎物而发生争吵。他们对同伴有着非常深厚的感情，从不会抛弃受伤的同伴。如果有同伴跌落河中，其他人会争相抢救他，并把自己身上的兽皮借给落水人，甚至自己冒着严寒冻馁的危险。布西门人不仅对自己部落的同伴非常友好，也会对善意的外来人表现出他们真诚的热情。例如，布西门人发现约安·范·台·

---

① 克鲁泡特金著. 互助论 [M]. 周佛海，译. 北京：商务印书馆，1933：84-88.

瓦尔特是一个对他们很友好的人时，布西门人就以非常亲热的情感来表示他们的感谢之情。①

虽然霍顿脱人比布西门人稍微进步一些，但在行为模式上却呈现出高度的相似性。霍顿脱人往往很穷，他们也是以兽皮作为衣服，他们的房屋也只是用几根棍子和席子搭起来简单遮蔽风雨的地方，但他们却具有非常浓厚的合群与互助精神。霍顿脱人没有独自享受食物的思维和习惯，即使一个霍顿脱人处于非常饥饿的状态，他也不会独自吃东西，相反他会邀请身边的人甚至是路过的人跟他一起享用食物。不论他接收到什么样的礼物，他都会立即与身边的同伴一起分享。

除了以上这些原始人群以外，分布于格陵兰岛等极寒地带的爱斯基摩人等人群也具有积极的互助传统，在这些原始部落中，对一个人最大的惩罚就是鄙视并不与之合作。所以，社会性的互助传统早已深深地嵌入于蒙昧时代的原始人类社群中，并延续至人类社会的野蛮时代（村落公社等）、中世纪（手工业行会等）和现在（互助养老院等）。按照克鲁泡特金的观点，人类社会不用借助权威和强制力量，仅仅依靠互助的本能和传统，就能营造出和谐的社会生活。②

三、中国的互助传统

基于以上论述可以发现，由于生产力水平、个体能力等方面的局限性，很多事情无法依靠自身能力得以解决，需要获得他人的协作，这也是人类社会的互助传统延续至今的重要原因。在中国悠久的历史文化长河中，孕育和发展了很多传统的美德，如仁义、慈孝、贵和等，但人们常常忽视了互助这一重要历史文化传统和美德。实际上，互助传统是中华传统美德中的重要组成部分，互助传统在21世纪更有其发扬的空间和价值。

---

① Lichtenstein. Reisen im Südlichen Afrika in den Jahren［M］. C. Salfeld, Berlin, 1811（2）：92－97.

② 克鲁泡特金著. 互助论［M］. 周佛海，译. 北京：商务印书馆，1933：4.

最早在《诗经·小雅·车攻》中体现了中国古人的互助含义:"决拾既饮,弓矢既调。射夫既同,助我举柴。"其意思是"射箭的板指护臂早已戴上,强弓和羽箭也已调适停当,射手随从们都已集合到位,就等着帮我把猎物来抬杠"。这里的"助"主要是从帮助的层面来说的,虽然不是完整意义上的互助,但也已经有了互助的意蕴。

真正意义上的互助则体现在孟子的诗句中,"请野九一而助,国中什一使自赋,卿以下必有圭田,圭田五十亩,余夫二十五亩。死徙,乡田同井,出入相友,守望相助,疾病相扶持,则百姓亲睦。方里而井,井九百亩,其中为公田,八家皆私百亩,同养公田,公事毕,然后敢治私事,所以别野人也。"这里的相友、相助、相扶持都是互助的意思,孟子对象征着王道仁政的井田制的描绘,为后人完整地描述了一幅传统村落的村民互助合作的图景。

事实上,互助传统并不是一个独立的存在,它嵌入于家国同构的乡土型社会中,并通过"仁、和、义"等传统伦理道德准则体现了出来。

其一,重"仁"的传统。我国传统儒家思想的核心就是"仁"。孔子在论语中所提倡的"仁者爱人",不仅具有政治伦理的含义,而且还有乡土社会中的互助伦理的意蕴。所谓"恻隐之心,人皆有之",指出同情心是人所本有的能力。在每个个体均具有同情心的前提下,为人处世时自然能够秉持"己欲立而立人,己欲达而达人"的推己及人的思想,正如《孟子》的《告子章句上》所言:"恻隐之心,人皆有之;羞恶之心,人皆有之;恭敬之心,人皆有之;是非之心,人皆有之。恻隐之心,仁也;羞恶之心,义也;恭敬之心,礼也;是非之心,智也。仁义礼智,非由外铄我也,我固有之也,弗思耳矣。故曰:'求则得之,舍则失之。'或相倍蓰而无算者,不能尽其才者也。"

推己及人意味着仁爱的对象不仅仅是自己的家族成员,也包括了社会中的每一个成员。虽然儒家的仁爱思想带有宗法制的差等化对待的区别,但在仁爱思想的指导下,中国人大多能做到和睦宗族、友好邻里、亲近他人,这就为中国人的互助传统打下了坚实的思想基础。

其二，重"和"的传统。《论语·学而》中说"礼之用，和为贵"，指的是礼的运用，以适中为可贵。为什么孔子这么重视"和"呢？因为人类社会在其发展的进程中，一直面临着三大矛盾：一是人与自然的矛盾，即人类如何与自然相处的问题；二是人与社会的矛盾，即人与人之间、人与国家、集体之间、国家与国家之间、民族与民族之间、地域与地域之间如何相处的问题；三是人自身的矛盾，即人自身之身体与心灵如何协调的问题。孔子的礼治思想崇尚"和"，而"和"有助于解决这些矛盾，尤其是人与人之间的矛盾。

关于"礼之用，和为贵"，主要有两种解释，一是把"和"解释为"适中、恰到好处"，那么这句话的意思就是"礼的运用，以适中为可贵"。二是把"和"解释为"和谐、和睦"，那么这句话的意思就是"礼的运用，以和谐为可贵"。这两种解释可以兼容，第二个解释其实可以看作是第一个解释所要达到的效果。人们在运用这句话时，往往取其"和谐、和睦"的含义。目前，这两种理解都已融合于中华文化之中，并且对人们的言行产生了较大的影响。

由上述可知，"和"包括了人与人之间、人与自然之间、人与自身心理之间的和谐与平衡，这意味着社会大系统中不同组成部分之间存在着对立统一的关系。所以，按照"和"的思想来看，社会大系统由不同组成部分构成，不同组成部分共同构成了一个休戚相关的命运共同体，彼此之间存在着一个相互依存、相互转化的关系。以一个家族为例，贫与富并不是一成不变的，也会相互转化。所以，富裕的人也难保将来不会去求助于他人，为了自己将来能够得到别人的帮助，家族成员就表现出相互依存、命运与共的姿态，对互帮互助也大多秉持积极的态度，以维持家族内部和谐的局面，同时也为自己将来的求助能够顺利实现而铺垫道路。因此，对"和"的重视为中国人的互助传统打下了较为坚实的行为基础。

其三，重"义"的传统。中国人在人际交往的过程中，除了遵从"以和为贵"的传统之外，还非常重视"义"的传统。所谓"义"，就是要舍得出让自身的利益，通过舍弃掉自身的一部分利益来帮助他人。孔子的义利观非常明晰，"君子喻于义，小人喻于利"。这句话指的是君子与小人价值指向不同，道德高尚者只需晓以大义，而品质低劣者只能动之以利害。孔子推崇的是重"义"的君子，孔子的义利观对后世影响较大，其为世人的舍己救人行为提供了合理化解释，赋予了重要的社会价值。①

由此可见，重义轻利是一种积极的价值观，这种价值观也有着丰富的互助伦理。重义轻利有助于人类个体破除自身私利的束缚，主动去帮助他人，与推己及人的"仁"结合在一起，从而产生更多的互助行为，并为中国互助传统的长期延续打下了坚实的价值基础。

第二节　人类社会的互助实践

人类社会有着悠久的互助传统，也有着在此基础之上形成的丰富多彩的互助实践活动。无论是在西方的欧洲地区，抑或是东方的中国，互助实践活动类型多样，且各有特色。下面分别从国外互助实践和国内互助实践进行阐释。

一、国外互助实践

作为最早实现工业化的国家，英国国民的社会保障来源并不仅仅是政府，还包括家庭、社区、志愿组织、互助组织和慈善团体等。在日常生活中遇到困难的人们，可以通过以上渠道获得一定的物质和金钱援助，其中发生着大量的民众互助活动。作为广泛存在于英国社会中的一种重要社会保障形式——互助，在具体表现形式上可以分为自发的个体性互助和组织化的群体性互助。

---

① 孙欣. 以仁为美，以和为贵——传统家训中的互助伦理 [J]. 河北师范大学学报（教育科学版），2017（4）：47-51.

个体性互助活动中的重要形式之一是邻里互助。在 17 世纪的英国，底层人们由于生活困难，不仅经常需要相互援手帮助解决生产困难。例如，莱斯特郡的威格斯顿玛格纳的许多穷苦佃农在农耕时需向邻居借犁使用；而且还经常性地发生着经济上的相互借贷行为。这些经济上的借贷行为可以从留存于世的遗嘱中发现，其中，林肯、莱斯特和诺福克三个郡在 1650～1720 年出具的 4650 份遗嘱中，有 40% 的遗嘱记录了欠债的信息，这说明当时的邻里之间发生着经常性的借贷行为，且这种借贷并不需要支付相应的利息。这些频繁的邻里间借贷活动，既是他们友谊和善良的表现，也是一种实际的互惠关系。它们对于缓解当时的社会贫困，帮助社会下层克服日常生活中遇到的暂时困难，维持生计具有重要意义。

此外，这种经常自发发生的个体间互助活动也包括一些志愿者活动。著名女作家汤普森在自传体三部曲《云雀飞翔》的第一卷中记录了这一点。她回忆说，小时候，在她家附近住着一位名叫"上校"的退伍军人。这位孤独的老年人没有亲戚朋友。她妈妈经常在业余时间照顾他，帮他做一些家务。即使老年人因病不得不去郊区，她母亲也尽可能多地去看望他，多亏了像她母亲这样的好心邻居的关心，老年人的晚年才并不特别悲惨。

除上述自发的个体间互助之外，在前福利国家时代的英国社会中还广泛存在着组织化的群体互助。它们主要表现为中世纪和近代早期同业行会和友谊会、工会和合作社等近代工人互助组织对其成员的社会救济与福利服务活动。中世纪和近代早期城市中的行会可能是人类历史上最早的互助组织。行会作为中世纪和近代历史上重要的经济社会组织，其社会救济和保障功能也十分突出。行会组织不仅能为会员提供安全感，避免过度竞争、失业、生产过剩、中间商、投机者、剥削者的剥削所造成的损失，保障他们的工资，满足他们的生活需要，还可以为贫困会员提供救济。据史料记载，早在盎格鲁—撒克逊时期，行会就已经参与到扶贫工作中，发放补贴是其一项重要职能。在 13 世纪的《里恩行会条例》中，规定公共资金或行会兄弟的资金应用于帮助需要帮助的兄弟。每年大约有 30 镑分发给穷人、盲人、残疾人和病人。

在中世纪的城市生活中，几乎没有什么社会保障可言。面对出生、死亡、自然灾害和人为灾害，普通居民往往束手无策，甚至改变了他们的一生。组织化的群体互助实践活动，无疑在心理上和事实上为其成员提供了一种安全感和稳定感，对当时城市稳定的社会经济秩序建设和工商活动的发展起到了积极的推动作用。

进入现代工业社会后，行会逐渐退出历史舞台，其原有的社会保障和福利服务功能被新工人互助组织继承和发展。友谊会、工会和合作社逐渐成为工人和其他社会下层群体提供互助服务的主要互助组织。友谊会是17世纪末18世纪初出现在英国北部和西部地区的一种具有直接社会保障功能的民间互助组织。在自愿捐款的基础上，会员可在疾病、失业、老年、死亡、天灾人祸等突发事件发生时，向协会申请救助，协会和其他会员有义务向他提供必要的经济援助。这些组织的名称多种多样，如联谊会、丧葬会、共济会、募捐会、疾病协会等。①

除了英国之外，德国也有悠久的互助传统。德国的农业互助合作社发展得较为顺利，较好地满足了德国农民的生产和生活需求。例如，RCH合作社是德国下萨克森州来格里镇农民合作经营的基层合作社。政府持有25%的股份，其余股份归其成员所有。该合作社有125名成员，资产5.6亿欧元。主要从事农产品生产资料的供应、仓储、加工、销售以及信贷支持。参加合作社的农民共同使用大型农机，共同促进农产品增值，在融资方面享受低息贷款。最重要的是通过农业产业内部的分工，获得完善的社会服务，如改善种子供应、病虫害防治、卫生防疫、机械维修、技术培训、信息咨询等。② 当然，美国等其他西方发达国家的农业合作社也做得比较成功。

---

① 闵凡祥. 互助与前福利国家时代的英国社会保障与福利服务 [J]. 英国研究, 2009.

② 王章陵. 德国 RCH 合作社的管理及对中国扶贫互助协会的借鉴 [J]. 世界农业, 2011 (11)：67 – 70.

二、国内互助实践

中国有着悠久的互助合作历史。历史上，小农经济在我国农业经济中长期占据主导地位。小农经济只能进行简单的农业生产活动，只能维持农业生产的内部循环，不能进行投资和扩大再生产。由于人地关系紧张，特别是生产工具、劳动力与耕地之间长期不平衡的关系，出现了各种形式的互助合作行为，最基本的类型是生产工具互助型、劳动力互助型、社会共耕互助型和资金互助型。

（一）生产工具互助型

生产工具互助是最常见的形式。像犋和牛这样的大型生产工具很难由一个家庭拥有或繁殖。因此，只有通过生产工具的互助，才能实现农业生产的顺利进行。这种形式在华北平原、东北平原等传统农业生产区非常流行。家庭联产承包责任制实施后，由于集体遗产的分配，该互助形式延续时间较长。

随着生产工具互助形式的出现，生产工具与劳动力之间往往存在着联合互助的形式，如陕北的搭庄稼、冀中的合伙生产、冀鲁豫交界的龙虎班、苏南的打混作、湖北的借用水车等。显然，这种联合形式将人与人之间的关系嵌入到物质关系的交换过程中，人与人之间的关系更可能具有支配性、凝聚力和稳定性。

（二）劳动力互助型

劳动力互助的影响是非常广泛的，只有劳动力（更准确地说，应该是劳动能力）才能实现交换和互助。因此，在称谓上，一般是变工、拨工、换工、调工等，主要原因是劳动强度与农业生产约束之间的关系紧张。温度和时间等自然因素，特别是后者，对作物的生产和收获有着严格的限制。因此，生产劳动强度在短时间内空前提高，而劳动力相对短缺，造成了时间上的紧张关系。因此，在农忙季节，农民联合起来，一起耕作或收割，轮流完成多个家庭之间的生产活动。

与生产工具互助相比，劳动力互助有一个前提条件，即必须建立在农民相互理解、相互信任的基础上。虽然是劳动能力的交换，但它是人与人之间的合作与互助。人的本质不是一个人固有的抽象事物。实际上，它是所有社会关系的总和。

劳动力互助的出现意味着一种新的人类联合。在劳动能力交换过程中，形成了陕北的札工、关中的唐将班子、冀中的包工、冀西的把子找工、太行一带的工（合）队等劳动互助组织的雏形，一些固定的水利建设和维护互助合作组织，如广东的合工、苏南的大伴工等，都是在农闲时期形成的。

生产工具与劳动力的互助行为主要是基于生产要素的缺乏或不均衡配置，是一种互补意义上的互助与合作。互助合作各方之间有着不可或缺的内在关系。没有其中一方，另一方就无法顺利完成生产活动。只有团结起来，才能达到赢利的目的。这是一个双赢的模式，也是利益的结合。

（三）社会共耕互助型

这是一种既包括经济利益又包括农民共同利益的互助模式。它是一种非生产要素互助的形式，纯粹是出于社会互助的合作行为，如陕北的伙种、冀鲁豫交界的伙佃地、冀中的客家班、广东的集体耕作等。它的内容是把所有的生产要素聚集在一起，一起耕种，一起收获。

共耕互助模式表明，人与人之间存在着一种完整而不可分割的共同关系。所有人都是一个社会团体，归属于一个生产共同体。该共同体的社会关系决定了生产的互助性。与生产工具互助型和劳动力互助型相比，它只是稳定社会关系的副产品。在这个模式中，个人常常忽略了利益的算计。

显然，我国传统的农村互助合作不是以自然主义经济为基础的专业化分工和社会化的合作行为，而是建立在传统社会关系基础上的、以互信为基础的合作互助。我们所坚持的行为伦理是帮助别人也是帮助自己。

（四）资金互助型

除了生产工具互助型等之外，消费互助的合作行为，特别是资金互助，在中国农村历史上也出现过。主要表现在三种类型：以人情消费和互惠为基础的资金互助；一定范围内民间借贷意义上的资金互助；具有现代农村互助规范的互助基金组织，如台会。

以人情消费和互助为基础的资金互助为例，中国历来是一个重视人际关系的国家，人际关系不仅是一种社会情感，更是一种人际交往的资源。在日常的社会交往中，人际关系从抽象的行为规范到各种社会资源，从物化的金钱和礼物到无形的承诺和机会。由此形成了人情消费、互惠互利的消费理念。只要是名义上与中国传统文化相联系，或形成本土传统，或超出正常消费活动范围，都无法避免互帮互赠和礼品流通。

当然，接受别人的青睐消费和礼金的帮助也不是免费的。《礼记·曲礼》中有记载，礼尚往来，往而不来非礼也，来而不往亦非礼也。显然，人情的互助互惠遵循平衡原则，即两对互惠关系制度：一是给予与回报的平衡；二是此时给予与回报的平衡。后者是时间意义上的；前者既受物化标准的制约，又受到社会关系的制约。桑本谦对山东省农村互助合作规范的研究表明，虽然当时帮工是免费的，但他们并不是没有索求。当免费提供帮助的亲属、朋友和邻居遇到类似事件时，已经得到帮助的家庭有义务向他们提供同样的帮助。①

在国内外互助行为实践活动中，也逐渐出现了互助养老的实践活动。例如，英国的一些地区，丧偶老年人特别是孤寡老年人，无子女可依靠或子女贫困、无力赡养老年人，他们自发联合起来，以互助的形式度过余生，这是另一种自发的个人互助形式。在19世纪的布瑞特里地区，大多数非常贫穷的寡妇在晚年与其他寡妇或单身妇女生活在一起。在这些由无助的老年妇女组成的特殊家庭中，成员扮演着家庭成员的角色，互相帮

---

① 刘金海. 互助：中国农民合作的类型及历史传统［J］. 社会主义研究，2009（4）：37－41.

助，互相尊重，互相关心，共同度过无助的老年生活。①

　　而在新中国成立前，我国农村互助的主要模式是宗族互助。宗族互助养老是指以家庭组织为基础，以宗族血缘关系为纽带，通过宗族成员相互帮助，实现对老年人的经济救济和生活照料的养老模式。据《周礼》记载，从西周开始，宗族之间就有一种互助分享财富的模式："异居而同财，有馀则归之宗，不足则资之宗。"汉代时期，随着宗族组织的普及，互助养老活动逐渐增多，"振赡匮乏"式的互助养老活动开始成为宗族内部的一种经常性活动。② 因此，有必要对我国互助养老的历史发展进行一次较为详尽的梳理，以全面了解我国互助养老活动的历史演变。

---

　　① 闵凡祥. 互助与前福利国家时代的英国社会保障与福利服务 ［J］. 英国研究，2009：169 - 170.
　　② 张云英，张紫薇. 农村互助养老模式的历史嬗变与现实审思 ［J］. 湘潭大学学报（哲学社会科学版），2017，41（4）：34 - 38.

第三章

我国互助养老的历史演变

第一节 周代时期的互助养老

从现有文献记载来看，自周代开始我国就已经有了互助养老的活动。周代崇尚礼治，《周礼》中有着较为丰富的关于养老活动的记载，有关养老制度的信息可以在天官、地官、春官和秋官的官制中找到。书中涉及的大部分内容大多被后人继承和发展，对我国养老制度的发展产生了较为深远的影响。

《周礼》中养老制度分为中央制度和地方制度。中央制度中，大宰制订了国民养老的总体方案，即在政治上尊重贵族老年人，在社会上尊重普通老百姓。在此基础上，中央大司徒及其联官制定了具体的养老措施。地方制度中，在乡遂两个行政区采取了不同的措施。分别是免除赋役、礼俗活动和减免赋税。地官在秋官系统中的司刺、司厉等官员配合下开展刑罚辅助措施，从法律的角度保护老年人的权益。

具体而言，《周礼》中关于养老制度的内容较多，大致可分为四类：基础性养老、辅助性养老、优抚性养老和刑罚养老。基础性养老主要包括饮食养老和税收养老，其目的是保障老年人的基本生存需要。辅助性养老主要包括保障生活困难老年人和受灾老年人的基本生存。这是在基本养老金的基础上，进一步完善养老金制度的补充措施。优抚性养老是在满足老年人基本生存要求的基础上，进一步提高老年人地位和生活水平的一项制度措施，主要针对尊贵的老年人。但是，刑罚养老可以通过赦免老年人的犯罪行为，惩罚欺凌老年人的行为，保护老年人的权益和地位。

在饮食养老方面，西周末年，皇室逐渐衰落，世家的宗族势力逐渐强大，关于宗族养老的记载开始逐渐增多。《叔钟》铭文："子孙永宝，用夙夜享孝于宗室。"① 宗室就是有血缘关系的本族人。《伯公父簠》铭文："用盛米佳稻糯粱，用绍卿士辟王，用绍诸老诸兄，用祈眉寿，多福无疆。"② 《事季良父壶盖》铭文："事季良父作姒尊壶，用盛旨酒，用享孝于兄、婚媾、诸老，用祈匄眉寿，其万年令终难老，子子孙孙是永宝。"③ 伯公父与事季良父制作新餐具的目的，是为了宴请家里的长辈。《大雅·行苇》说："曾孙维主，酒醴维醹，酌以大斗，以祈黄耇。黄耇台背，以引以翼。寿考维祺，以介景福。"④ 在贵族家宴上，年轻一代为座位上的老年人们祝酒祝福，愿他们长命百岁，天赐多福。由此可以看出，两周时期内的饮食养老逐渐发生了变化。养老形式由国家养老向宗族养老转变，养老对象也逐步从贵族老年人扩大到全社会的老年人。由此可见，《周礼》中的养老已经形成了较为完整的体系。虽然养老的措施和目的还带有一些血缘宗族色彩，但更为明显的是政治色彩。除国家作为养老的主体外，民间养老也是重要的补充形式，互助养老则主要体现在宗族养老领域。

第二节　春秋战国时期的互助养老

春秋时期，宗法制度不断遭到破坏，地缘政治逐渐凌驾于宗法政治之

---

① 吴镇烽．商周青铜器铭文暨图像集成（四）［M］．上海：上海古籍出版社，2012：73.

② 同上，299.

③ 同上，377.

④ ［汉］毛亨．毛诗正义［M］．北京：北京大学出版社，1999：1087－1088.

上，养老制度发生了变化。《左传》："养孤老，食常疾，收孤寡。"齐桓公把老年人的救助视为结盟和建国的基础。随着公室权力的逐渐衰落，国家对养老制度的控制逐渐弱化。一些有实权的家族通过实施救助和组织慈善活动来获得民众的支持。《左传·文公十六年》中说，宋公子鲍于国家饥荒时，"竭其粟而贷之。年自七十以上，无不馈诒也，时加羞珍异……亲自桓以下，无不恤也。"孔颖达疏："其族亲，自桓公以下子孙无不恤。"公子鲍向其宗族借贷粮食以解困。他优先考虑给老年人以粮食的馈赠。他也经常把珍贵的食物分发给族内的老年人，以保证族内的老年人能得到比普通人更好的食物。由此可见，春秋时期的互助养老虽然仍带有宗法血脉的色彩，但更多的是在政治关系上与国家养老有关，其目的是更好地维护国家的统治。

战国时期，血缘宗族部分解体，个人家庭的组织逐渐取代血缘宗族组织，相应的养老制度也发生了变化。《管子·轻重甲》："君出四十倍之粟，以振孤寡，收贫病，视孤老。"① 国家成了养老的主体，与过去相比，国家以40倍的粮食赈济鳏寡老者。《管子·小匡》："制五家为轨，六轨为邑，十邑为率，十率为乡……卒伍之人，人与人相保，家与家相爱，少相居，长相游，祭祀相福，死丧相恤，祸福相忧。"② 改革后的地方不再仅仅靠血缘关系聚集，而是出现了以家庭为单位的新形式。齐钟离子与叶阳子因"其为人，有粮者亦食，无粮者亦食。有衣者亦衣，无衣者亦衣"；"其为人，哀鳏寡，恤孤独，振困穷，补不足。"③ 他以帮助自己国家的鳏寡孤独和贫疾者而闻名。可以看出，这一时期与周代时期的宗族互助养老不同，④ 家庭具有了更加独立的经济与社会地位，不同家庭之间形成了新的邻里关系，而邻里互助养老则成为一部分老年人养老的新选择。

---

① 黎翔凤. 管子校注 [M]. 北京：中华书局，2009：1404 – 1405.
② 黎翔凤. 管子校注 [M]. 北京：中华书局，2009：400.
③ 诸祖耿. 战国策集注汇考（增补本）[M]. 南京：凤凰出版社，2008：621.
④ 董楠.《周礼》中养老制度述论 [D]. 长春：东北师范大学，2017.

第三节　魏晋南北朝时期的互助养老

《魏书·孝感传》中记载着反映军户、乐户一起互助养老的情形，如"河东郡人杨凤等七百五十人，列称乐户皇甫奴兄弟，虽沉屈兵伍而操尚弥高，奉养继亲甚著恭孝之称"。军户和乐户同甘共苦，如同一个大家庭一样。他们不仅在战场上出生入死，而且在赡养老年人方面也相互帮助。

南朝时期，社会动荡不安，民众贫困交加，很多老年人老无所依，甚至死后都无人为其安葬。但并不是所有的人都不出手帮助，历史记载会稽山阴人严世期，"性好，……同县俞阳妻庄年九十，庄女兰七十，并老病无所依，世期饴之二十年，死并殡葬。宗亲严弘、乡人潘伯等十五年，荒年并饿死，露骸不收。世期买棺殡埋，存育孩幼。"[①] 这里描绘的是民间善心人士出于爱心义务帮助老年人养老并负责为之安葬的事，但需要注意的是，这并不是当时的普遍现象。除了一些身份相近、同病相怜的群体开展互助养老之外，其他人更多的是依靠家庭来养老。

第四节　唐代时期的互助养老

《唐令拾遗》中指出："诸鳏寡孤独贫穷老疾，不能自存者，令近亲收养，若无近亲，付乡里安恤。如在路有疾患，不能自胜致者，当界官司收付村坊安养，仍加医疗，并勘问所由，具注贯属，患损之日，移送前

---

① 张承宗. 魏晋南北朝养老与敬老风俗 [J]. 史林，2001（4）：42 – 48，62.

所。"① 根据当时的政策，政府规定对鳏寡孤独贫穷疾病等平日生活不能自理的老年人，优先安排其近亲属照顾；没有近亲属的，由所在家乡给予一定的安排和经济补偿；在路上患病的，由当地人民给予安置；病情好转后，再送回到患病者的家乡。作为一项政策，唐代时期的官方对老年人的养老问题非常重视，养老政策总体上由养庶民之老、恤鳏寡悍独之老和养官吏之老三个部分组成，② 尤其是对鳏寡孤独贫穷老疾的养老问题规定得比较详细，体现了较为浓郁的人文关怀。不过，唐代时期对鳏寡孤独老年人的特殊养老照顾是受到政府政策规定的，具有法律上的强制力，而较少体现出民间自发的互助意味。所以，唐代时期的互助养老活动的政策性较强，且体现出对老年人的单方面照顾，缺乏老年人之间的互相帮助。

第五节　宋代时期的互助养老

宋代时期的互助养老主要是家族互助养老，通过设置"义庄"的方式对家族内部的老年人进行集中供养，提供基本的物质保障，其中又以绵延800余年的"范氏义庄"为代表。范氏义庄是在大量土地的基础上建造而成的，这些土地主要是由家族内部富裕家庭捐献。土地一旦捐出，其所有权就转移到了义庄手中，也就是说，它不再属于某个人所有。这样，范氏义庄就有了财产基础。范氏义庄之所以绵延日久，还与其有着严格的规章制度和专门的管理人员有关。独立的财产基础、严格的规章制度和专门的管理人员保障了范氏义庄的持续运营能力，也为范氏族人的晚年生活提供了强有力的物质保障。

宋代时期，还有一种老年人结社的习俗，叫作老年会社。老年会社不

---

① 仁井田陞. 唐令拾遗 [M]. 东京：东方文化学院东京研究所，1933：256.

② 盛会莲. 试析唐五代时期政府的养老政策 [J]. 浙江师范大学学报（社会科学版），2012，37（1）：38-48.

仅数量可观，而且分布也较为广泛。不过，目前学术界对宋代老年会社的数量存在一定的认知差异。欧阳光先生认为宋代有 13 个老年会社（或名怡老诗社）。① 邓小南认为其数量更多，可能达到六七十个。② 周扬波在现有研究成果的基础上，深入细致地调查了宋代老年会社的名称、主要成员、成立时间、地点、编号后，认为应共有 34 个。③ 在成员构成上，李修松、王华娣指出，老年会社会员均在 60 岁以上，有的甚至普遍在 70 岁以上，其成员大多是退休或生活在农村的官员和士大夫。④ 宋代老年会社的社会功能包括生活方面的相互扶持、精神层面的互相慰藉等。此外，老年会社还在乡规民约的制定和完善上起着重要的推动作用，如在老年会社的推动下，宋代地方上的乡饮酒礼得到了一定程度的恢复与重建。不仅如此，宋代老年会社还有敦族睦邦、敬宗收族的功能。⑤ 由此可知，宋代出现了老年会社的组织形式，具有一定程度的互助养老功能，但主要受益对象为官僚士大夫阶层，普通百姓难以从中获益。

第六节　明代时期的互助养老

明代时期，政府对鳏寡孤独老年群体采取的主要措施是由州、县两级建立养老院收养。在明代初期，政府还要求当地官员去看望孤寡老年人，提供房子和衣服以保障他们的基本生活，把孤残老年人安置在"孤老

---

① 欧阳光 . 宋元诗社研究丛稿［M］. 广州：广东高等教育出版社，1996：31.

② 黄宽重 . 宋代四明士族人际网络与社会文化活动———以楼氏家族为中心的观察［M］. 北京：中国大百科全书出版社，2005：384.

③ 周扬波 . 宋代士绅结社研究［M］. 北京：中华书局，2008：95 – 101.

④ 李修松，王华娣 . 宋明时期老年人会社述论［J］. 合肥师范学院学报，1996（3）：22 – 24.

⑤ 马晓燕 . 20 世纪以来中国两宋养老问题研究述评［J］. 兰州学刊，2016（11）：72 – 78.

院"，把贫困老年人安置在"养济院"。① 明建文帝即位之后，更进一步规定："鳏寡孤独贫无告者，岁给米三石，亲戚养之。亡亲戚者，里邻收恤。"②

由此可见，明代时期政府无法单纯依靠官方的养老设施来承担民众的养老问题，除了家庭养老、养老院养老之外，民间的互助养老也是重要组成部分，并由建文帝通过法令的形式予以制度化。但需要指出的是，这种以法律约束的形式来推动的互助养老，需要较高的监督力度和成本，如果监督不力，也可能会使邻里的互助养老难以得到贯彻执行。③

第七节　清代时期的互助养老

清代时期，民间延续了宋代时期的义庄制度，并不断发扬光大。清代宗族义庄关系到生、老、病、死、育等家庭核心环节，形成了一套完整的"从摇篮到坟墓"的宗族保障机制。④ 范氏义庄在清代时期得到了进一步的发展，义庄田地高达 5000 余亩。除了范氏义庄之外，全国各地的义庄分布也较为广泛，仅苏州一地，超过 1000 亩义田的义庄就达到了 54 个。⑤ 很多义庄对如何赡养老年人制定了详细的规定。如苏州陆氏《赡族条规》规定："凡贫老无依不能自养者，无论男女，五十一岁为始，每月给米一斗二升，六十以上每月给米一斗五升，七十以上每月给米二斗，八十以上每月给米二斗四升，九十以上每月给米二斗八升，百岁建坊，贺仪七十串制钱一百两，以申敬老之意。"道光十七年（1837 年）苏州潘氏《松鳞

① 弘治九年《句容县志》卷6《人物类·义门》。
② （清）谈迁. 国榷（卷11）［M］. 上海：古籍出版社，1958.
③ 徐艳红. 明代养老研究［D］. 武汉：华中师范大学，2015：24.
④ 李学如，王卫平. 近代苏南义庄的宗族保障制度［J］. 中国农史，2015（4）：75－86.
⑤ 张研. 清代族田与基层社会结构［M］. 北京：中国人民大学出版社，1991：56.

庄赡族规条》规定："凡贫老无依者无论男女，自五十一岁为始，每月给米一斗五升，六十以上给二斗，七十以上给二斗四升，八十以上给二斗五升，九十以上给三斗。"李学如、王卫平研究后指出，这些宗族义庄的养老措施"应当能满足一个老年人的最低衣食需求，在实际上起到一定的养老保障作用"。① 这都显示出清代宗族义庄具有一定的经济实力，能够为宗族成员尤其是老年人提供一定程度的生活保障。② 通过义庄，清代时期的老年人可以从宗族内部得到其他成员有力的帮助和支持。但需要指出的是，义庄的互助养老仅限于宗族内部的范围，对超出宗族范围以外的其他老年人，义庄并没有救助的责任和义务。

清代时期除了义庄体制内基于血缘关系的互助养老之外，由于其工商业的发达和繁荣，还逐渐形成了一种基于业缘关系的工商行会互助养老的新形式。在清朝，并不是所有的工商业人员都有丰富的家庭财产。他们中有许多人也是普通劳动者，他们担心自己年老不能外出工作时无法维持原有的生活。因此，工商行会逐渐形成了一种制度措施，为同行业从业者的养老提供保障。咸丰六年，苏州服装业设立的"云章公所"规定："凡有同业伙友，年老失业无靠，报知公所，留养衣食。倘有给资，以备棺敛一切。"③ 这是老年人和失业人员在同行业中获得生活保障的一种手段，是由早期的工商行会逐步发展起来的，这种做法也并不是每个行业都存在，而是存在于个别行会中。

到了 19 世纪末，工商行会组织得到了越来越完善的发展。清末出现了一个以照顾老年人为主要目的的"洋布工会"，它最大的特点是具有现代保险意识。老年会员要想获得生活保障，必须满足两个条件：一是 60 岁以上，没有了劳动能力的贫困人口；二是要持续缴纳 5 年以上的会费。从第二个条件可以看出，"洋布工会"具有较为现代的保险理念，将老年人的个人责任与获得的福利相结合，强调受益人的义务和责任，凸显了互

① 李学如，王卫平. 近代苏南义庄的宗族保障制度 [J]. 中国农史，2015 (4)：75 – 86.
② 吕宽庆. 清代妇女宗族养老保障研究 [J]. 兰台世界，2017 (9)：125 – 128.
③ 苏州博物馆编. 明清苏州工商业碑刻集 [M]. 南京：江苏人民出版社，1981.

帮互助、共同养老的深刻内涵。

综上可知，在漫长的中国封建统治和郡县制统治时期，民众的养老主要依靠的是家庭养老形式，虽然周代时期初创了国家养老的相关制度，但由于当时人口较少，民众平均寿命较低，国家养老的财政负担较小。除此之外，其他朝代的政府均以家庭养老作为主要的养老形式，辅之以国家养老、宗族养老、社会养老和互助养老等形式。其中，互助养老的起源很早，最早可以追溯到周代时期，但从既有史料来看，互助养老在不同朝代具有不同的形式，或偏重于邻里互助养老，或偏重于同业互助养老等。值得注意的是，在有些历史时期难以找寻到互助养老的历史印迹，这可能跟社会动荡等因素有关。所以，互助养老在我国历史上是有传统的，但其发展并不太顺利，缺乏连贯性。这虽然给我国互助养老在新时期的发展带来了一些不利影响，但也给我国互助养老的进一步发展留下了较为充足的空间。

第四章

互助养老的概念界定及其可行性分析

第一节 互助养老概念界定

互助养老作为一种新型的养老方式，国内学术界尚无统一明确的定义，但总体而言，学者们对互助养老的内涵有着相似的理解。朱传一通过对自发互助组织的研究分析，认为互助养老是家庭养老、机构养老和社区养老的结合，是一种互助友爱的自主养老模式。① 徐光志通过对农村养老状况的研究，提出互助养老就是照顾和帮助年老体衰的老年人。② 班娟从社会学的角度，把互助养老作为社区养老的补充，强调普通居民之间的互助与慰藉。③ 李梨将互助养老作为政府支持和引导下的养老新模式，实现自我管理、自我服务，满足自身精神情感交流和生活照料需求。④ 王玉坤等认为，互助养老是以老年群体为基础，促进老年群体自救、互助的一种

---

① 朱传一. 开拓互助组合养老的新模式 [J]. 中国社会工作, 1997 (1): 34 - 35.
② 徐光志. 多元化农村养老保障制度的建构 [J]. 长白学刊, 2008 (1): 111 - 114.
③ 班娟. 社区老年群体互助养老中增权模式探究 [J]. 社会科学战线, 2014 (8): 182 - 185.
④ 李梨. "银发群体" 生活现状及互助养老可行性调查研究——基于重庆市巴南区老年群体现状调查分析 [J]. 统计与管理, 2018 (4): 118 - 121.

惠民利己的方式。① 综上所述，"互助养老"可以定义为，在政府的主导下，通过整合政府和社会等多方资源，以社区内老年人的互助或为老年人提供生活照料、医疗保健和精神慰藉等方式开展的互惠型养老方式。互助养老是介于纯社会化养老和居家养老之间的新型养老模式，强调居民间的日常互帮互助和彼此间的精神慰藉，不仅有养老院和敬老院等养老机构社会化养老的特点，还符合我国传统的家庭养老习俗。

第二节　我国发展互助养老的必要性和可行性分析

一、我国发展互助养老的必要性分析

（一）人口老龄化形势异常严峻

近年来，我国人口老龄化问题日益严重，其主要表征是：老年人口总量大、老年人口增速快、高龄化趋势明显、区域老龄化程度差异大、人口老龄化与经济社会发展水平不相适应。

1. 老年人口总量庞大

中国总人口占世界总人口的 22%。60 岁以上的老年人占世界老年人口的 1/5，占亚洲老年人口的一半。从这些数据来看，中国是世界上老年人口最多的国家。截至 2017 年底，中国 60 岁及以上老年人口已达 2.41 亿，占总人口的 17.3%，21 世纪的中国将是一个不可逆转的老龄化社会。② 在这个过程中，前 20 年是快速老化阶段，中期 30 年是加速老化阶

---

① 王玉坤，王青松．我国互助养老的现实困境及其优化路径［J］．经济师，2019（5）：16 - 18.

② 钟长征，蓝青．人口老龄化发展趋势预测研究报告［N］．中国老年报，2006 - 02 - 24（002）.

段。从 2051 年起，我国将进入严重老龄化阶段，预计 2051 年，我国老年人口将达到 4.37 亿，占 34.9% 左右。简而言之，这样的数据意味着大约 10 个人中有 3 位 60 岁以上的老年人。

2. 老年人口增速快

据了解，在不到 20 年的时间里，我国完成了人口结构从成人型向老年型的转变。然而，英国等其他发达国家要完成这一转变大约需要 80 年，瑞典也需要 40 年才能完成这一过程。原因之一是我国实行计划生育工作很早，随着时间的推移，人口增长得到了有效控制。然而，老龄人口在这个过程中并没有减少，而是逐渐增多。65 岁以上老年人占总人口的比例由 1990 年的 5.65% 上升到 2018 年的 11.19%。截至 2021 年底，中国 65 岁及以上人口占总体的比例为 14.2%。如果继续增长，65 岁及以上人口的比例将超过总人口的 20%。

3. 高龄化趋势较为明显

近年来，我国 80 岁以上老年人以年均 4.63% 的速度增长，明显快于 60 岁以上老年人。目前，我国 80 岁以上老年人总数高达 1300 万，约占老年人口总数的 9.8%。

4. 区域老龄化程度差异大

主要表现在以下两个方面：一是城乡老龄化程度失衡。在许多发达国家，城市老龄化程度大于农村，但在我国，农村人口老龄化的规模远远大于城市。因为，以前的中国是一个传统的农业国，农村人口远远大于城市人口，这种人口分布延续至今，资料显示，截至 2017 年，中国农村人口约 9 亿，占全国总人口的 53.4%。二是老龄化地区分布不平衡。我国沿海地区和东部地区老龄化速度远高于西部地区。以宁波为例，宁波地处沿海地区，1987 年正式进入老龄化社会，而我国是在 2000 年才进入老龄化社会，宁波的老龄化速度超前全国平均水平达 13 年。根据国家统计局的人口普查数据，2000 年全国老年系数为 7.10%，有 13 个省、自治区、直辖市大于或等于这一比例，18 个省区低于全国水平。其中，上海最高为 11.46%，宁夏回族自治区仅为 4.47%。最高值与最低值之差为 6.99 个百分点。

5. 人口老龄化的速度与经济社会发展水平不相适应

总的来说，一切事物的发展进程大致上须与经济发展水平相一致。但是，由于计划生育政策的实施，自然出生率被人为控制，导致人口结构发生较大变化，以至于我国人口老龄化得以加速发展，并快于经济发展速度。根据世界人口老龄化与经济发展关系的最新研究，我国人口老龄化将始终显著超前于经济发展。①

（二）人口出生率下降逾越警告线

中国的人口出生率大致可分为五个阶段：新中国成立初期的高出生率阶段、20 世纪 70 年代急剧下降阶段、20 世纪 80 年代反弹阶段、20 世纪 90 年代出生率持续下降阶段和近年来低出生率阶段。从出生率统计数据可以看出，近年来全国出生率呈下降趋势，特别是近十年来出生率一直保持在 12‰左右。

如果人口出生率一直保持在较低水平，势必会给社会带来诸多问题。2016 年，二孩政策全面放开，刘雨婷、刘艳琪、邓智年预计这将在一定程度上放缓人口出生率的下降速度。② 事实上，2016 年和 2017 年全国出生率确实有所上升，分别达到 12.95‰和 12.43‰，但这只是短期效应。在政策红利释放之后，据国家统计局统计公报，2019 年我国出生人口 1465 万，比 2018 年减少 58 万，人口出生率为 10.48‰，比 2018 年下降 0.46 个千分点。从历史数据看，10.48‰的人口出生率也是自 2000 年以来的最低值。③ 2021 年我国人口净增长数额仅为 48 万，人口出生率再创新低。

---

① 应雨轩. 当前人口老龄化发展现状——关于老年公寓建设的调研报告 [J]. 智库时代，2020，225（5）：35 – 36.

② 刘雨婷，刘艳琪，邓智年. "全面二孩"政策下的人口数量与结构预测 [J]. 湖南文理学院学报（自然科学版），2018，30（4）：17 – 21.

③ 民政部部长：适龄人口生育意愿偏低，总和生育率破警戒线 [EB/OL]. https：//dy. 163. com/article/FSTSC9TG0536B7J8. html（2020 – 12 – 03）.

我国学者也对人口出生率下降的趋势进行了研究，孙鑫鑫、高燕、袁汐、王增相采用时间序列建模的方法，通过数据预处理、模型辨识、参数估计、模型检验和优化，建立了 ARIMA（1，2，2）模型。利用该模型对中国未来 5 年的出生率进行了预测，分别为 16‰、12.23‰、12.25‰、12.19‰、12.27‰。根据预测结果，我国未来五年仍将保持低出生率。[①]

（三）养老机构供给能力严重不足

与发达国家相比，我国老龄化具有"未富先老"的典型特征，可称为"中国式问题"，这一问题的凸显也与我国养老机构供给能力不足有关。我国养老机构发展水平较为滞后，这主要与两个方面有关。一方面，我国老年人支付能力和支付意愿较弱，尤其是农村老年人的支付能力更为薄弱，这成为不少养老机构入住率偏低的主要原因。另一方面，公私养老机构的供需失衡是制约养老机构发展的另一个原因。据民政部相关数据显示，截至 2018 年年底，我国养老床位 746.4 万张，其中事业单位养老床位 392.8 万张，社区养老床位 353.6 万张。按照这个口径，养老床位缺口在 360 万以上。

但即使在财力充裕的一线城市，床位短缺也是普遍现象。据媒体报道显示，北京市第一家社会福利院只能提供 1100 张床位，而排队登记的老年人一度超过 1 万人，是现有床位的 10 倍。上海市静安区的公办和民办老年人福利院只能提供 167 张床位。由于报名人数众多，一张床位需要等近十年时间。这主要是因为我国养老产业整体还处于相对初级阶段，优质服务、价格可接受的养老体系尚未完全建立，优质养老床位已成为稀缺资源。

当前我国养老领域面临着公立养老机构"一床难求"，民营养老机构"空位"的问题，多数家庭宁愿等待，也不愿去有空位的民营养老机构。

---

① 孙鑫鑫，高燕，袁汐，王增相. 我国人口出生率的分析与预测［J］. 山东师范大学学报（自然科学版），2020（3）：256－264.

主要原因是两者在收费和公信力上存在差异。对于老百姓来说，价格相对较低的公立养老院资源稀缺，床位紧张，入住困难，而大多数市场化养老院的价格普遍较高。要改善这种状况，需要在政策支持和市场准入自由化的前提下，解决好两个重要问题。

首先，养老机构需要寻找大量廉价的长期资金，这意味着需要在资本市场上进行一些变革，比如利率、债券、信托和一些市场创新。为了配合养老产业低收益的特点，需要一些大规模资金、长期资金和廉价资金。

其次，养老机构需要寻找一些廉价的房产资产，因为在现有的土地金融模式下，房产的资产价格过高限制了养老房产规模的扩张。一方面，一些养老机构需要找到一些质优价廉的存量资产来盘活一部分养老房产。另一方面，一些养老机构还可以利用农村土地进入市场的机会，寻找廉价的房产资产，提高租金回报率，吸引更多的资源和资金进入养老产业。

而以上两个问题的解决显然是短时期内难以完成的任务，这就直接限制了我国养老机构的发展速度及其供给能力。从供给端来看，我国养老机构供给能力严重不足；同时，从需求端来看，人口老龄化速度的加快和人口出生率的急剧下降使得传统的家庭养老难以为继，并且导致我国民众的养老需求大幅增长。由此可见，我国的养老需求端与养老供给端面临着严重的不平衡状态。也就是说，我国养老供给的增量已经难以满足日益增长的养老需求的增量了。我国养老领域亟须养老模式的创新，而这就为互助养老的发展提供了较为充裕的生长空间。

二、我国发展互助养老的可行性分析

（一）政策环境的支持

在人口老龄化背景下，政府积极采取相应措施，促进老龄事业全面、协调、可持续发展，并在政策上给予大力支持。"十三五"规划《国家老龄事业发展和养老体系建设规划》提出，发展居家养老社区服务，鼓励老年人参与社区互助养老，通过邻里互助、亲友互助、志愿服务、举办农村幸福院等方式，大力发展农村互助养老服务。《民政事业发展第十三个五年规划》中提到，要大力支持农村互助福利院基本服务设施建设。《中华人民共和国老年人权益保障法》（2015年修订）提出，要积极发扬邻里互助、邻里相亲的优良传统，倡导老年人互助服务。民政部、财政部联合制定了《中央专项彩票公益金支持农村幸福院项目管理办法》，从资金上支持互助养老模式发展。各级政府运用政策鼓励和引导老年人积极参与养老互助服务，充分挖掘社区和老年人自身资源，合理优化养老服务资源配置，从而保证老年人能够享受到最好的、具有低成本运营特点的互助养老服务，减轻国家和家庭的经济负担。①

另外，新农村建设的投资领域逐步从经济建设转向社会建设。随着国家投资重点的转变，村集体的发展思路也发生了变化。与过去相比，它们吸引经济支持的方式有所不同。过去的思路是争取把农业生产投资项目作为工作重点，现在则把重点放在与村民社会福利有关的项目上。事实上，很多农村幸福院都是在当地政府的支持下建立起来的。②

（二）民众养老观念的转变

家庭养老是我国农村传统养老的主要形式，但这种观念已经发生了变化。首先，老年人养老观念的转变。以农村老年人为例，农村老年人深受"养儿防老"传统观念的影响，老年人们不愿离开他们熟悉的生活环境。但随着家庭结构的变化，传统的居家养老方式已逐渐不能满足老年人的养老服务需求，并受到网络、新闻媒体等新型养老观念的影响，养老观念发生了一些变化。农村幸福院以"离家不出村，离亲不离情，居家养老，在家享受"为目标，在很大程度上满足了老年人的基本需求。养老观念的转变为农村幸福院的发展提供了重要支撑。相关研究表明，约82.2%的老

① 孙永浩. 论农村互助养老的可行性 [J]. 上海农村经济, 2019 (2)：35 – 38.

② 贺寨平, 武继龙. 农村社区互助养老的可行性分析与问题研究——基于大同市水泊寺乡X、D两村的实地调查 [J]. 天津师范大学学报（社会科学版）, 2017 (6)：52 – 57.

年人愿意参与提供互助服务，积极照顾有需要的老年人，其中60～69岁的老年人更愿意参与；愿意接受互助服务的老年人所占比例较高，约为72.6%，其中女性老年人更容易接受。老年人参与互助养老的意愿较高，为互助养老的发展提供了现实的需求支持。①

其次，子女养老观念的转变。对子女来说，农村传统的道德约束力正在逐渐弱化。造成这种现象的主要原因是传统的家庭关系发生了变化。在过去，农村居民对地缘关系和血缘关系比较重视，传统道德的约束力相对较强。尽管互助养老有很多好处，也符合农村的实际情况，但子女面临着舆论的压力时，一般不会同意父母去养老院。在当今的农村社会，大多数年轻人选择外出打工。由于工作性质、家庭条件等原因，他们在生活方式和地点上存在差异。因此，"业缘关系"的崛起正在逐渐打破以血缘关系和地缘关系为基础的传统联系，随之而来的是原有道德约束力的弱化，年轻人的观念发生了巨大变化，逐渐接受了各种新的社会养老方式。②

（三）互助养老的自身优势

以农村幸福院为例。一方面，互助养老更符合老年人的生活习惯。虽然互助养老与传统观念存在一定的冲突，但在某些方面上也比较符合农村老年人的生活习惯。农村老年人有很强的地方文化意识，不愿意远离自己熟悉的生活环境。互助养老既能满足老年人的"安土重迁"情结，又能灵活安排生活，使他们在熟悉的环境中得到舒适的照顾。更重要的是，互助模式中"互助""集中生活"的特点，能更有效地照顾老年人的心理需求，在一定程度上能够弥补子女对其生活和情感投入的不足，减轻老年人的孤独感和空虚感，激发他们生活的积极性，从而有助于提高自己的幸福感和满意度指数。从相关研究来看，农村幸福院也具有一些优势。首先，它比家庭养老更科学。在饮食、日常生活、爱好等方面，可以结合老年人

---

① 孙永浩. 论农村互助养老的可行性 [J]. 上海农村经济，2019（2）：35-38.

② 贺赛平，武继龙. 农村社区互助养老的可行性分析与问题研究——基于大同市水泊寺乡X、D两村的实地调查 [J]. 天津师范大学学报（社会科学版），2017（6）：52-57.

的特点制定工作流程；定期对老年人进行体检；在日常生活中，他们注重老年人的"自由"和主体性，对老年人的控制较少。其次，它比家庭养老更专业。一些幸福院会定期接受一定数量的社会工作专业的学生来这里实习。学生不仅可以将所学知识应用于实践，还可以提高农村幸福院工作人员的服务水平和专业水平。[①]

另一方面，互助养老院的成本较低。农村养老机构（敬老院）数量较少，一般以"五保户"为接收对象。准入门槛高，需要严格的资格审查。商业养老机构对农村老年人或家庭的经济收入水平提出了更高的要求。农村受经济发展水平的限制，人均收入水平低，城乡差距大，受经济收入低和传统养老观念的影响，养老机构接受度不高。作为一个以社区为基础的养老场所，其对居家养老具有高度的接受度和互补性。根据《2016 年社会服务发展统计公报》，截至 2016 年底，我国共有社区养老互助设施 7.6 万个。与养老机构相比，农村幸福院不必承担沉重的经济负担，因为水、电、暖可以由村集体提供，居住在农村幸福院的老年人只需自己承担日常生活费用，这与在家养老的费用几乎持平，养老成本低，老年人本人和全家都能接受。[②]

---

① 贺寨平，武继龙. 农村社区互助养老的可行性分析与问题研究——基于大同市水泊寺乡 X、D 两村的实地调查［J］. 天津师范大学学报（社会科学版），2017（6）：52－57.
② 孙永浩. 论农村互助养老的可行性［J］. 上海农村经济，2019（2）：35－38.

第五章

我国互助养老的发展模式

当前，国家政策的大力支持，构成了互助养老发展的政策基础，特别是近年来，一些政策体现了对互助养老的认可和支持。例如，2016 年，《民政事业发展第十三个五年规划》指出，要积极开展养老互助服务，提高养老服务能力，这表明互助养老模式在我国具有广阔的推广空间和深远的研究意义。

总体而言，国外互助养老的实践取得了良好的成效。[1] 首先，时间银行的出现为老年人的互助提供了一个操作载体[2]；其次是老年人的互助模式类型多样，如美国的"村庄"互助、"德国的多代居"互助等模式[3][4][5]。

互助养老引入我国后，在传统观念、治理理念和老龄化现状的影响下，在实践中衍生出多种发展模式。刘欣从理论、政策、实践三个方面进行分析，以主导者为划分依据，把互助养老分为政府主导型、社会组织主

① Petrovich A. Addressing the vision challenges of residents at a retirement community：collaborative research with a community partner [J]. Journal of Gerontological Social Work，2008，51：1 – 2.

② 郝亚亚，毕红霞. 山东省农村老年人社区互助养老意愿及影响因素分析 [J]. 西北人口，2018，39（2）：96 – 104.

③ 张彩华，熊春文. 美国农村社区互助养老"村庄"模式的发展及启示 [J]. 探索，2015（6）：132 – 137，149.

④ 赵洁. 国内外互助养老模式的比较及借鉴 [J]. 中国民政，2019（5）：55 – 56.

⑤ 何茜. 国外互助养老模式对我国农村地区养老的借鉴与启示 [J]. 农业经济，2018，374（6）：76 – 77.

导型和家庭主导型。① 张志雄等根据老年人提供服务的性质，将各地实行的互助养老模式归纳为自愿养老、储蓄养老和市场养老三种类型。② 欧旭理等从中国的基本国情和现实出发，认为"农村幸福院"、"守门人"模式、时间银行模式和"合租互助"模式是我国最好的互助养老四种典型模式。③ 赵洁通过与国外互助发展模式的比较，将国内互助养老模式分为六种类型，即据点式、"扶贫＋"式、结对式、时间银行式、老少相伴式和农牧地区的代养式。④ 总体上来说，国内学者主要关注时间银行模式、农村幸福院模式和"互联网＋"互助养老这三种模式。⑤

第一节　时间银行互助养老模式

时间银行最早由埃德加·卡恩提出。埃德加从为穷人提供免费法律援助的项目中认识到，出于慈善目的的单方面捐赠对于建立社会正义毫无意义。1980 年，他构想了一种新的时间银行模式。根据这个模型，劳动是平等的，每个人的工作时间是平等的。如果别人帮助你，那么这个人可以用帮助你的时间来换取另一个人同样的时间，这样才能循环下去。⑥ 目前，时间银行的概念早已风靡欧美，并已成为一种成熟的社区互助模式。

然而，学者们对时间银行的内涵还没有形成统一的认识。多数学者从"存—取"的角度对其进行了界定。这种观点认为，时间银行就是把志愿服务的时间储存在银行里，并在必要时加以利用。有学者认为时间银行是

---

① 刘欣. 我国互助养老的实践现状及其反思 [J]. 现代管理科学, 2017 (1): 90－92.
② 张志雄, 孙建娥. 多元化养老格局下的互助养老 [J]. 老龄科学研究, 2015, 3 (5): 33－41.
③ 欧旭理, 胡文根. 中国互助养老典型模式及创新探讨 [J]. 求索, 2017 (11): 124－130.
④ 赵洁. 国内外互助养老模式的比较及借鉴 [J]. 中国民政, 2019 (5): 55－56.
⑤ 李丹, 毕红霞. 我国互助养老发展研究综述 [J]. 老龄科学研究, 2020 (8): 46－55.
⑥ Cahn ES. On lets and time dollars [J]. Int J Community Currency Res, 2001, 5 (20): 1－4.

指"各个年龄段的人都参与志愿服务活动,积累服务时间,当他们需要别人提供服务时,他们可以享受同样数量的免费服务[①]"。有学者认为时间银行是志愿者为社会提供服务所花费的劳动,以时间单位记录在个人服务储蓄账户中,直到他们需要接受其他人的服务为止。[②]

值得注意的是,仅仅从"存—取"的角度来定义时间银行是不够的,因为它可能会排斥那些没有动机获得他人"等时服务"的志愿者,从而限制了时间银行的有效功能。因此,仅从"存—取"的角度对时间银行进行界定,并不能概括时间银行的整体内涵。志愿者参与志愿服务的动机是复杂的,不仅仅是为了在将来遇到困难时得到同样长度的"服务"。一些志愿者可能出于职业发展、尊重和其他奖励等原因参加志愿服务。因此,从"付出—回报"的角度来界定时间银行或许更为科学合理,也就是说,志愿者参与志愿服务是一种付出,这种付出的回报可能更为广泛,甚至是纯粹的公益性。因此,时间银行的内涵可以定义为:志愿者以"时间币"的形式记录志愿服务的时间,并存储在时间银行中,以获得未来一定的预期回报或激励,从而保证志愿服务的持续供给的一种制度安排。[③]

1990 年,第一家银行在美国成立。目前已遍布世界 30 多个国家。仅美国就有 500 多家注册时间银行和 37000 多个会员。[④] 时间银行的内涵有广义和狭义之分。从广义上讲,时间银行是指不同年龄段的志愿者参与志愿服务活动,并为自己积累服务时间,以享受未来相同的志愿服务时间。狭义的时间银行是指低龄老年人为高龄老年人提供志愿服务,积累服务时

---

① 王泽淮. TIME BANK 时间银行——社区志愿者服务的新形式 [J]. 社区,2003 (12):23 – 23.

② 张文华. 论"时间储蓄卡"的意义与应用拓展 [J]. 商业文化月刊,2011 (2):244 – 245.

③ 李水金. 浅探中国志愿服务时间银行发展的现状、问题及对策 [J]. 经济研究导刊,2015 (3):102 – 104.

④ Rebecca J. Saving Money,Helping others with time – banking [EB/OL]. (2014 – 01 – 25) [2015 – 12 – 19]. http://abcnews. go. com/blog/headlines/2014/01/saving – money – helping – others – with – timebanking.

间，在需要养老服务时享受相同的服务时间。[①] 这种模式的实质是以时间银行为中介，通过整合社区资源，量化服务时间，达到社区互助的目的。[②] 目前，这种模式业已在中国的北京、南宁、南京、重庆等城市出现。

在 2018 年上半年，我国民政部就明确将时间银行纳入全国居家社区养老服务改革试点范围，努力建立在试点基础上可在全国推广的运行模式。近期，上海、南京、杭州等城市相继推出社区养老时间银行概念，重庆、成都、遵义等地也已开始试行。据《北京青年报》2021 年 1 月 12 日报道，目前，北京市已有三个试点，时间银行志愿者服务正逐步走向社区常态化。

时间银行的显著特点是双向的。时间银行不是一个慈善组织，它只是起着供求之间的桥梁作用。因此，参加时间银行的人不需要付一分钱，他们只需要把时间存入时间银行即可。所以，从进入时间银行系统之日起，时间银行的成员就应该准备好接受他人的时间和帮助，并且在时间允许的情况下也准备好为他人提供时间和帮助。

从服务宗旨上来看，时间银行的宗旨是支付时间以换取他人的帮助，银行是时间流通的桥梁。主动加入时间银行的客户在需要时拿出自己的时间与其他会员交换服务，这既解决了暂时的困难，又增强了彼此间的联系，从而还有助于克服现代社会人与人之间缺乏沟通的问题。

一、时间银行模式的发展历程及其具体实践

（一）时间银行模式的萌芽期和初创期（1998~2007 年）

1998 年，第一家时间银行在上海市虹口区提篮桥街道开业。时间银

---

① 许加明."时间银行"模式应用于居家养老互助服务的思考 [J]. 社会工作，2015（1）：74-80.

② 夏辛萍. 时间银行：城市社区养老服务的新模式 [J]. 中国老年学杂志，2014（10）：2905-2907.

行的宗旨是为老年人提供服务，形成良性循环。提篮桥街道时间银行的运作标志着时间银行在中国生根发芽，开启了时间银行在中国制度化发展的进程。

在经营提篮桥街道时间银行的同时，1998 年底，山西省太原市还成立了时间银行，充分利用老年人的人力资源，促使退休老年人加入帮助其他老年人特别是高龄老年人的行列。值得一提的是，当时山西省太原市还出台了 85 岁以上老年人可以获得一定数量的免费服务而无须志愿服务存储的规定，由此开启了我国时间银行行动的地方创新尝试。1999 年，广州寿星大厦、北京朝阳区松榆里社区和浙江杭州市也相继成立了时间银行机构，并推出了配对、发行"时间银行储蓄卡"等新举措。随后，时间银行的发展范围逐渐扩大。2001 年哈尔滨市南岗区、江苏省鼓楼区，2003 年重庆市沙坪坝区天兴桥街道小正街社区，2004 年北京市丰台区大红门街道，2005 年南京市兆园社区等陆续创办了时间银行。

南京兆园社区时间银行由兆园社区主任王慧敏于 2005 年 8 月创办。南京兆园社区时间银行根据服务时间长短对会员的荣誉等级进行划分，主要分为五星级：一星级，共 200 小时，由社区支行进行表彰，家庭挂牌，并给予 200 元物质奖励；二星级，共 500 小时，由街道总行表彰，家庭挂牌，给予 400 元物质奖励；三星级，共 1000 小时，街道工委表彰，小区挂牌，给予 700 元物质奖励；四星级，累积 1500 小时，街道工委表彰，小区挂牌，并制作个人宣传册，给予 1000 元的物质奖励；五星级，共计 3000 小时，街道工委给予特别贡献奖，给予 1500 元的物质奖励（物质奖励，终身优先享受他人服务）。

南京兆园社区时间银行通过各种方式建立了时间货币管理系统，并建立了相关配套制度。例如，时间货币维护机构负责组织专业人员对时间货币进行管理和分类；时间货币价值维护机构致力于维护存款人时间货币的完整性和有效性；时间货币仲裁机构负责对服务的类型和价值进行评估和分级；时间货币纠纷解决机构是解决时间银行成员接受服务时的纠纷问题；时间货币对外协调和发展机构负责处理对外事务，以维护时间银行的持续健康发展；时间货币的信用体系是确保成员之间公平公正交易的机构。

（二）时间银行模式的发展期（2008 年至今）

2008 年以来，时间银行在中国发展迅速。据不完全统计，2008 ~ 2016 年，我国至少设立了 31 家时间银行，其中每年至少设立 1 家时间银行，2015 年设立时间银行已达 11 家。在时间银行数量不断增加的同时，时间银行的规模也在不断扩大。如江苏省宜兴市"宜兴义工时间银行"会员已达 14234 人。江苏省常州市 1.2 万余名老年志愿者通过时间银行系统与独居老年人、空巢老年人成功配对。此外，存储在时间库中的时间长度也大大增加。如温州市鹿城区菱藕社区 2016 年累计志愿服务时间已达 2.2 万小时。受时间银行影响的区域也逐渐扩大，不再局限于东部沿海城市，而是进一步扩大到湖北、内蒙古、四川、贵州等省份。2008 年以前有时间银行的城市，如北京、上海、南京，已经进一步发展成为一个有多个时间银行的城市。到 2016 年，北京至少有 7 家时间银行。①

2020 年 12 月 30 日，上海市十五届人大常委会第 28 次会议表决通过了《上海市养老服务条例》，明确指出"鼓励和支持老年人开展社区邻里服务、低龄健康老年人与高龄老年人结对关爱等互助性养老服务，探索建立互助性养老服务时间储蓄、兑换等激励、保障机制"。将时间银行写入养老法规，并逐年扩大覆盖范围。这也意味着，时间银行作为养老服务体系中的一项辅助性组成部分，将由法规护航，以形成长效机制，保证其长久运营。从 2019 年起，长宁已经在虹桥、天山和北新泾三个街道开展养老服务时间银行试点工作。通过低龄老年人为高龄老年人提供非专业性的养老服务，如出行陪伴、情感慰藉、协助服务，以及各类文体活动、健康科普、培训讲座等，按照一定的规则，记录服务提供者的服务时间，储入

---

① 陈功，黄国桂. 时间银行的本土化发展、实践与创新——兼论积极应对中国人口老龄化之新思路 [J]. 北京大学学报（哲学社会科学版），2017（6）：113 - 122.

其时间银行个人账户，以供将来兑换相同时长的服务。2020 年下半年，伴随着长宁区养老服务时间银行新华路街道分行的正式启动，长宁开始面向全区推广时间银行项目。

上海市虹桥街道在 2019 年创新建立了"1 + 16 + X"的时间银行分行运营工作，即 1 个街道分行、16 个居民区支行、X 个服务基地，其特色项目"家门口助餐服务点"即与时间银行服务挂钩，由于点餐时需要使用智能平板，许多老年人不会用，就由时间银行的低龄老年服务者提供助老点餐服务，增加邻里互助，让更多老年人真切享受到家门口的实惠。街道还持续深化服务基地公益活动内容，推出了时间银行十大服务项目，如"我是代言人""时光记忆师""展厅讲解员""学堂师者说"等，一批低龄老年人在综合为老服务中心及各服务基地开展了形式多样的为老服务，使更多老年朋友们老有所为、老有所学、老有所乐。

作为全国最早进入人口老龄化的城市之一，南京 60 岁以上老年人已超 20%。为积极应对人口老龄化的挑战，破解养老服务主体不足难题，南京出台方案，从市一级层面建立统一的养老服务时间银行。截至 2020 年 7 月 7 日，时间银行已覆盖南京全市 12 个区，志愿者申请人数 15309 人，被服务对象人数 9693 人，累计实现志愿时间 5936 小时。按照部署，2020 年 9 月，南京将在试点的基础上全市推广。

相比而言，时间银行在"不花钱服务"的同时，服务对象亦覆盖了更多——包括重点空巢独居老年人和存有时间的 60 周岁以上老年人——只要年轻时参加了志愿服务，年老时即可兑换相应的服务时间。不过，时间银行志愿者在注册时，民政局会把相关的数据与公安等部门的数据实时比对，比对志愿者的信用情况、违法犯罪记录等，以确保老年人安全。

事实上，注册成功的志愿者若要进行养老服务，亦需遵循标准流程。首先，服务需要老年人提交订单发起。这个环节可由老年人自行发单，也可通过直系亲属或委托人代为发单。随后，时间银行进行派单。老年人可自主选择、志愿者可主动接单、服务点也可人工派单。除此之外，还可通过系统自动匹配、就近安排。

　　而志愿者的服务开启也有既定模式。一种是通过定位系统，志愿者到达服务点后，点击进入服务模式；如果 GPS 信号弱，可用第二种模式，扫描预约老年人的脸部，向系统证实抵达服务点；如果前两种都不成功，还有第三种开启办法，手动上传服务照片。

　　在早期的社区试点中，如何保障未来的兑现服务，是志愿者们最担心的事。为保障服务兑现，南京设立了时间银行专项基金，每年由财政拨款1000 万元，其余由慈善总会向社会募捐。据介绍，这笔专项基金主要用于服务本市 80 周岁及以上空巢独居老年人、60 ~ 79 周岁低保家庭中失能、半失能空巢独居的老年人和农村留守老年人，以及化解时间银行的运行风险。如果志愿者因离开本市需注销银行账户，基金还可按照上一年非全日制小时工工资标准的 10% 给予一次性奖励。

　　值得一提的另一项制度设计，是公共时间池。目前的设计里，时间银行志愿者服务时间的存储上限为 1500 小时，超出部分将自动转入公共时间池。进入公共时间池的服务时间，又可发放给更多符合政府直接领取时间的老年人。志愿者捐赠给公共时间池的服务时间，未来可获得相应的积分奖励，用于获得政府公共服务资源或社会力量给予的褒奖。在全市层面推行养老服务时间银行，在国内也属于比较超前的做法。南京的时间银行不仅是对养老服务、养老事业本身的促进，更是社会治理上的创新。

　　除了发达地区的城市社区以外，时间银行还在农村地区得到了一定程度的实践和检验。2015 年 4 月 11 日，全国首家农村时间银行在河南省新乡市五陵村正式营业。在这里，储户可以把自己提供的志愿服务时间存起来，然后获取相应的时间币，在必要时，通过时间币换取他人的志愿服务。"我为人人，人人为我"，是时间银行最显著的特征。不管能力大小，只要能提供任何一种形式的志愿服务，都可以登记为时间银行的储户，并累计时间币。

　　6000 多口人的村子，每一个人都不可能孤立存在，总有需要别人帮助的时候。时间银行让大家的爱心流转起来，大家通过互帮互助，邻里关系不断升温、干群关系不断融洽。时间银行成立 4 年多来，储户已达

6000 多人，仅是本村村民就有近 4000 人，储户们也根据身份和分工，先后组建了党员义务巡逻队、雷锋精神服务队、新思路工作委员会等，积极参与村里的治安巡逻、街区卫生打扫、村庄发展谋划等。

五陵村时间银行的发展逐步走上了正轨，并在实践的基础上进一步完善了做法。后来，五陵村时间银行将实行的时间币管理规则规范为积分管理制度。具体来说就是，储户可以继续提供志愿服务，但不再得到时间币，而是积分，此积分仍然可以换取对等的所需志愿服务，这个积分称为 A 分。还有一种积分是由储户的善行美德所奖励而成，比如拾金不昧、见义勇为、考上大学、参军、评上好婆婆好媳妇、荣获"五美"庭院称号、积极参与村里的文体活动等，这个积分称为 B 分。积分制度最大的特点就是储蓄范围更宽、管理更加科学，储户们既可以通过志愿服务，也可以通过做好人好事、提升自身品德来增加账户积分。积分的作用也更加广泛，除交换志愿服务外，还能获取村中提供的外出考察学习、就业岗位等多种福利。此外，每月月底还将公布积分排名，月初召开积分管理表彰会议，对前 10 名进行表彰，并请他们分享积分经验。综上所述，时间银行在发展的过程中呈现出了一些特点，具体如下：

第一，时间银行的自我管理日益规范。

随着时间银行的发展，时间银行的组织结构和管理水平也越来越完善。首先，部分时间银行在发展过程中建立了比较完整的组织架构。如上海时间银行作为独立的实体，形成了独立的章程、管理体制和责任制，成立了理事会、运营管理团队、地方办事处和相应的子项目部，明确了职责范围，使组织呈现规范化运作的趋势。① 其次，时间银行试图突破只能在单个社区运行的限制，尝试在多个社区运行时间银行。如北京市西城区金融街的"爱心时间银行"，将二龙路、京畿道、受水河、温家街、民康等五个社区纳入经营范围，② 实现了覆盖多个社区的第一步。最后，对志愿

---

① 上海时间银行官网：http：//www.chinatimebank.com.cn/timeBank/pagetime.
② 北京西城"爱心时间银行"存储"爱心"支取"互助"［DB/OL］. 中国文明网，http：//www.wenming.cn/syjj/dfcz/bj/201510/t20151026_2929980.shtml（2015－10－26）.

者队伍进行分类，促进志愿者更加稳定有序的参与。如北京市房山区西潞街道时间银行通过对志愿者进行分类，建立了包括女性志愿者服务队、社区文化志愿者服务队、党员先锋志愿者服务队在内的 37 支志愿者服务队。①

第二，信息技术的应用日益广泛。

近年来，中国时间银行利用信息技术发展的优势，借助网站、App 等平台优势，推动时间银行信息化建设。由于存储的稳定性和共享的及时性，非常适合时间银行志愿者呼叫、需求发布和记录注册存储，从而使时间银行的操作更加方便。部分时间银行通过网站和应用平台的建设，极大地促进了志愿者的参与。以广东省南沙市为例，通过时间银行网站建设，方便会员通过电脑或手机 App 以账户密码登录网络平台，独立管理会员账户和查看时间币，自行发布和承担服务需求，并可进行积分兑换商场礼物的操作。此外，网站还可以查询需要服务对象的居住地、服务类型、时间币数量、发布时间等信息，还可以查看某个对接服务中的接受者信息、提供的服务类型、接受者评价、完成时间、完成状态等，以便进行操作。②

第三，高校学生的参与日益频繁。

值得一提的是，时间银行的发展已经有更多的年轻人加入，特别是年轻的大学生群体，这为时间银行的发展注入了新鲜血液。年轻人不仅拥有更多的身体优势，还可以进一步推动时间银行的信息化应用和推广实践、创新与可持续发展。近年来，随着大学生群体的参与，我国时间银行的覆盖面由老年人向年轻人扩展，扩大了时间银行在高校的影响力。例如，秦皇岛市燕山大学③和苏州市外国语学校，④ 学生小组设立了时间银行。

---

① 社区"时间银行"助推志愿服务 ［DB/OL］. 京郊日报网，http：//www. bjwmb. gov. cn/zxgc/wmsj/t20140728_583542. htm（2014 – 07 – 28）.

② 南沙时间银行官网：http：//www. nstimebank. org. cn/timebank/welcome/frontWelcome. action.

③ 秦皇岛燕大有个"爱心时间银行"可存取互助时间 ［DB/OL］. 河北新闻网，https：//news. ysu. edu. cn/info/1005/11087. htm（2022 – 3 – 22）.

④ 时间银行荣获 2016 年苏州市"高中生十佳优秀社团"称号 ［DB/OL］. 苏州外国语学校网，https：//www. sfls. com. cn/sjyh/Show. aspx？id=23190（2016 – 12 – 06）.

2015 年，燕山大学时间银行开业时，有 400 多人开户。时间银行通过校园网站发布相应的公益信息，促进互助信息的及时发布。为了增进时间银行与学生生活的联系，还为部分学生开设了"爱心仓库"，用"时间币"换取书籍和学习工具。此外，北京大学老年学研究所还创新性地将时间银行转到由年轻人帮助老年人的方向。在成功老龄化创新实验室的基础上，积极打造名为"中国志愿服务大军"的时间银行项目，大力推进时间银行在线运营和高校青年群体参与。通过建立在线数据匹配、后期操作和技术支持的开发团队，使时间银行在"老年人助老"模式的基础上，推广"青年助老"的新模式。该项目旨在帮助大学生参与时间银行，促进时间银行的可持续经营。

第四，志愿服务政策体系日益完善。

时间银行的发展离不开志愿者服务政策体系的不断完善。2008 年以来，国家层面和地方政府层面都出台了相应的志愿服务政策，从内容、标准、制度、流程等方面对时间银行互助服务机制做出了规定，形成了系统的政策支持。

在国家层面，2008 年民政部起草的《中华人民共和国慈善事业促进法》对志愿者及其组织者的权利义务、志愿服务记录和激励机制等做出了详细规定。2012 年是志愿服务政策的重要一年。当年第十三次全国民政工作会议提出"探索公民慈善志愿服务记录制度"，推动了公民互助服务机制的建立。同年，民政部下发《关于开展志愿服务记录制度试点工作的通知》，并附《志愿服务记录办法》，形成了我国第一个科学、统一、规范的志愿服务记录文件。此后，中央文明办、教育部等部门相继出台了《关于规范志愿服务记录证明工作的指导意见》《关于教师参与志愿服务活动的指导意见》等规章制度，促进了志愿服务体系的进一步完善。其中，《城乡社区服务体系建设规划（2016～2020 年）》提出要建立健全"'爱心银行''时间银行'等志愿服务反馈制度，促进社区志愿服务常态化、规范化。"2017 年，国务院发布的《"十三五"国家老龄事业发展和养老体系建设规划》也强调要"实行志愿服务记录制度"。

在地方政府层面，早在 2009 年，广州市越秀区就提出了《越秀区养老服务储蓄制度（试行）》，对时间银行的服务内容、计算标准和兑换原则都有详细规定。此后，各地、各地区相继出台了多项志愿服务政策制度，包括湖北省武汉市的"时间银行存取制度"和湖北省阳新县的《建立时间银行爱心助老服务储蓄制度实施方案》。此外，2011 年，在浙江省老龄事业发展"十二五"规划中，"百万志愿者助老工程"被列入八大工程，明确提出了建立时间银行体系的目标。规划指出，"依托志愿服务基地，定期开展贴近实际、形式多样、内容丰富的志愿服务活动，广泛建立志愿服务储蓄时间银行制度，促进老年志愿者服务的可持续发展"。这些地方志愿服务政策，使国家政策在地方得以顺利实施，促进了时间银行在各地扎根和规范发展。[1]

二、时间银行模式的类型

以上所述案例仅是我国时间银行实践中的一小部分，并不能代表时间银行模式所有的类型。张文超、杨华磊根据时间银行成立时的主体将我国时间银行划分为三种类型：社区自发建立的时间银行、基于政府采购服务成立的时间银行和基于第三方组织成立的时间银行。[2]

（一）社区自发建立的时间银行

社区自发建立的时间银行是我国时间银行实践的主要类型。如国内第一家时间银行、上海晋阳居委会的时间银行、南京兆园社区的时间银行等，这种时间银行一般具有以下特点：第一，起步较早。主要由社区居委会发起，居委会干部带头参与。服务范围仅限于社区。上海市晋阳居委会时间银行由晋阳居委会发起，居委会书记牵头参与时间银行，鼓励社区居

---

　　① 陈功，黄国桂. 时间银行的本土化发展、实践与创新——兼论积极应对中国人口老龄化之新思路 [J]. 北京大学学报（哲学社会科学版），2017（6）：113－122.
　　② 张文超，杨华磊. 我国"时间银行"互助养老的发展现状，存在问题及对策建议 [J]. 南方金融，2019（3）：33－41.

民参与。南京兆园社区时间银行是由居委会主任发起的。由于是社区居委会发起的，服务范围局限于社区，社区外的成员缺乏参与方式。第二，时间银行作为居委会的附属机构，由居委会成员经营。时间银行的工作人员都是居委会成员，这在一定程度上促进了时间银行在社区的推广。然而，由于这种"兼职"形式，员工的专业化水平不高，无法致力于时间银行的进一步发展。第三，信息化水平低。由于这种时间银行仅限于社区，对信息技术的需求不强，会员服务记录主要通过传统的纸质方式。信息保存手段落后，容易导致信息记录的丢失。这也是晋阳居委会时间银行后来被叫停的原因之一。第四，对时间银行的运作和制度进行了初步探索，为我国其他地区时间银行的发展提供了经验。

（二）基于政府采购服务成立的时间银行

这种时间银行在国内并不多见，比较成功的就是广州南沙时间银行，其是以政府购买服务为基础成立的时间银行，具有以下特点：第一是政府参与度高。一方面，政府可以通过购买服务来摆脱资金短缺的状况；另一方面，在政府的支持下，公众可以对时间银行产生信任感，推动越来越多的公众参与时间银行，为时间银行的推广贡献力量。如 2017 年 6 月起，广州南沙时间银行在全区所有乡镇（街道）建设了服务站。第二是通过政府购买服务的方式，逐步提高时间银行的服务和管理质量。借助政府采购服务的形式，政府对时间银行的具体运作提出了明确的量化指标，保证了中标机构的日常运作有方向和目标，也为项目评估提供了标准。在《广州市南沙区民政局南沙时间银行委托运营服务采购项目》（CZ2017 - 0908）中，政府对广州南沙时间银行运营中心和社区服务站提出了不同的量化指标，包括会员发展、时币、客户服务等，在线推广、培训、咨询和社会资源。同时，通过政府采购或吸引竞争性组织参与服务项目招标，提高服务质量和管理水平。

（三）基于第三方组织成立的时间银行

这种时间银行是在第三方组织的支持下建立起来的。例如，上海时间银行依托唯创集团旗下中国最大的居家养老公司——幸福九号电子商务公司，衡阳市石鼓区时间银行以社区卫生服务中心为主体，浙江省金华市八咏楼社区在浙江师范大学社会工作师生的帮助下成立了乐福社会工作服务中心等。这种时间银行的主要特点是依托第三方组织形成独特的运营和发展模式。例如，上海时间银行在与幸福九号电子商务公司合作的基础上，打造了 O2O 公共服务模式，实现了线上线下联动。线上积极搭建 IT 平台，志愿者可以通过 IT 平台选择任务或发布需求、记录时间获取、支出等。[①] 另外，衡阳市石鼓区与南华大学护理学院形成了"医养结合"的时间银行模式；此外，八咏楼社区依托社工专业优势，通过社会组织培育，也形成了较为顺畅的"三社联动机制"。[②]

三、时间银行的运作框架

时间银行作为互助养老的时间保存平台，与商业银行有着相似的运作框架。时间银行是时间货币的具体表现，其核心思想是用时间来衡量工作量，即劳动时间的长短决定等价产品的数量，这是构建时间银行框架的前提和关键。时间银行的框架包括三个要素：时间账户、时间存单和时间存取。其中，时间账户类似于传统的银行账户，目的是建立一个完整的志愿者电子档案；时间存单类似于银行凭证，详细记录志愿者养老服务的日期、内容、期限和服务对象；时间存取类似于 ATM 机，表示自由存储和提取时间。三者共同作用，形成了制度化的功能结构，既保证了互助养老模式的高效运行，又为社会资源的科学利用提供了理论指导。

---

① 郭群. 上海时间银行：公益 O2O 模式就该这样玩 [J]. 新经济，2015（1）.

② 夏辛萍. 中国互助养老"时间银行"本土化发展历程及经验反思 [J]. 中国老年学杂志，2017（37）：244–246.

（一）时间账户

时间账户是记录、存储和支付人们劳动创造价值的会计制度，与传统银行账户类似，时间账户涵盖了账户持有人、身份证号、账号等基本信息。此外，时间账户需要添加有关服务目标、服务内容、持续时间和签名的信息。时间银行根据用户信息和服务信息，建立个人或家庭的时间账户，作为用户存款时签发定期存单和取款的依据。时间银行支持所有用户的各种时间交易的账户结算，支持用户之间的支付或转账。需要帮助的用户可以通过自己的时间账号独立发布服务需求，其他用户则可以通过自己的时间账号承担服务，可以给用户的生活带来帮助和便利，同时创造更多的价值。鉴于时间账户的重要性，时间银行必须制定公平的评分和考核标准以及服务时间的存储和提取机制，建立用户电子档案，统一管理所有用户的个人信息和服务信息。

（二）时间存单

时间存单是用户服务提供或接受的信息凭证，在时间存单上详细记录用户从事某项服务的日期、内容、期限和服务对象，准确记录用户获得或提供服务的时间。客户每次支付服务时间后，时间银行必须根据服务质量和持续时间及时更新其储值，并详细记录在时间存单上，作为日后取时的依据。通过时间存单，用户可以自由获取服务时间，这既是时间银行识别用户劳动价值的凭证，也是用户获取他人服务时间的有效证明。因此，时间存单是用户顺利保存和取回时间的基本保证。此外，时间存单也是用户赚取定期存款利息的凭证。时间银行根据时间存单的时间、金额和存储时间，定期向用户发放利息。

（三）存取时间

时间银行最重要的服务在于存取时间。用户完成服务后，可以保存服务时间；而当用户有需求时，可以在累积的小时内提取相应的服务时间。

值得注意的是，这里的"时间"代表个人在单位时间内创造的劳动成果或价值，以时间的形式进行量化。在时间银行中，时间是唯一被认可的货币，它可以自由地存储和提取，这体现在延迟支付劳动或货币上。用户可以通过为其他成员创造价值来持续存储时间。当他们需要帮助时，他们可以接受其他成员提供的所需服务，以确保每个人公平地享有劳动回报。①

四、时间银行的作用

时间银行作为一种互助模式，具有独特的优势。卡恩（Cahn）认为时间银行具有四大功能：一是弱化社会因追求金钱带来的离心趋势；二是创造和强化互助精神；三是形成人们可以信任的信息系统；四是创造一种礼仪，让捐赠者不侵犯他人的空间，让受赠者不因服务而感到被给予。②塞方（Seyfang）指出，时间银行可以引导非正式社会支持，鼓励边缘群体参与社区活动，从而培养社区包容性。③马贵侠认为，时间银行有三大功能：一是为老年人提供了一个互助的平台；二是合理利用了老年人的空闲时间，有助于丰富社区养老资源；三是形成了老年人互助网络，培育社区的社会资本，有助于构建和谐社区。④下面从服务主体、服务对象和社区三个角度论述时间银行的作用。

（一）从服务主体角度探讨时间银行的功能

对于服务主体而言，时间银行的作用体现在两个方面：一是对于养老服务主体而言，它帮助离退休老年人去标签化，促进自我价值的实现。老

①　李海舰，李文杰，李然. 中国未来养老模式研究——基于时间银行的拓展路径 [J]. 管理世界，2020（3）：89 – 103.

②　Cahn E S. Time dollars, work and community: from 'why?' to 'why not?' [J]. Futures, 1999（5）：499 – 509.

③　Seyfang G. Growing cohesive communities one favour at a time: social exclusion, active citizenship and time banks [J]. International Journal of Urban & Regional Research, 2010（3）：699 – 706.

④　马贵侠. 论"时间银行"模式在居家养老中的应用 [J]. 南京理工大学学报（社会科学版），2010（6）：121 – 125.

年人往往被视为被动和弱势群体，因此在老龄化问题的对策设计中往往忽视了人力资源开发对老年人的重要性。从标签理论的角度看，这种负面印象是社会对老年人的一种标签行为。在现实生活中，由于生活水平的提高和现代医疗技术的进步，许多老年人在法定年龄退休后仍然保持着相对健康的身体。因此，这种贴标签行为不仅束缚了老年人的负面印象，也导致了老年人人力资源的浪费。事实上，老年人可以发挥自己的长处。在为他人服务的同时，还可以消除人们心中的负面标签，创造新的社会关系，实现自我价值。二是无论服务主体是老年人还是其他群体，在提供服务的过程中，他们都可以为自己积蓄时间，为满足自己未来的需求提供保障，从而提高服务主体参与服务的积极性和对未来生活的安全感。

（二）从服务对象角度探讨时间银行的功能

对于服务对象，时间银行还具有两大功能：一方面，时间银行互助养老模式可以实现居家养老，让老年人生活在原来的社区。受传统观念的影响，我国许多老年人不愿离开原来的家庭和社区，在新的环境下养老，时间银行互助模式的出现，正好可以调度社区的资源，实现居家养老。另一方面，可以满足老年人多样化的需求。随着社会的发展，老年人的养老需求日益多样化，如因身体不适而需要日常照料，因无子女而需要精神慰藉，因重大疾病而需要专业护理等。通过时间银行这个平台，可以协调社区的各种资源，更好地满足老年人多样化的需求和城市化的需要。

（三）从社区视角探讨时间银行的作用

奥赞（Ozanne）在对新西兰 Lyttelton Harbour 时间银行的研究中指出，时间银行在社区层面的作用主要体现在提升社区的沟通能力、社会能力、文化能力和社区能力。其中，信息交流的功能包括信息基础设施、责任媒体、沟通技巧和媒体叙事。其实质是社区成员获得信息和联系。个人可以通过时间银行加入会员来获得其直接的联系方式，而时间银行的员工可以扮演一个值得信赖的角色，与会员保持联系。同时，通过信息平台的建设，服务对象可以发布自己的服务需求，服务主体可以发布自己可以提供的服务，实现服务供需的匹配。社会能力是指社区中的社会关系和社会支持，包括来自家庭、朋友、更广泛的社区主体和正式组织的关怀。时间银行通过吸收个人和组织成员，在成员需要服务的同时，能够有效地调动这些组织的资源，个人也可以通过时间银行照顾非成员的家庭。文化能力包括群体意识、价值观、仪式意识和叙事意识，时间银行通过分享相同的价值观，让成员在社区中感到自在，并用民主参与的方式让成员参与，从而逐渐形成归属感。社区能力是指社区解决自身问题的程度，包括确定社区的共同需求、达成共识和采取集体行动。① 时间银行可以通过发起集体行动、组织成员参与、培养领导者、组建自治组织等方式解决社区问题。

五、时间银行的创新性做法

（一）形成了特色突出的本土化模式

与欧美国家时间银行的发展模式不同，社区管理者、地方政府的支持和政府政策的引导对我国时间银行的发展起到了巨大的作用。在欧美，时间银行的出现主要是由民众自发形成的，政府不干预、不施加影响。在时间银行较为发达的欧美，主要由时间银行地区协会监管和指导。然而，从我国时间银行的发展历程来看，社区管理者在建立时间银行的过程中一般起着发起人和发动机的作用。大多数时候，时间银行不是一个独立的组织，而是以居委会为基础的下属组织，与居委会及其他居委会分支机构有着密切的联系。而且，当时间银行发展到一定数量时，地方政府一般会对时间银行的发展给予政策支持和引导，与社会有关规定形成合力，让时间银行走上规范化发展之路。

---

① 张文超，杨华磊. 我国"时间银行"互助养老的发展现状、存在问题及对策建议 [J]. 南方金融，2019（3）：33-41.

（二）形成了"结对子"等特色实践

由于我国时间银行的存在一般依赖于居委会和社区，时间银行的发展和内容与社区建设密切相关。一方面，社区为时间银行的存在提供了土壤；另一方面，时间银行也有效地调动了社区志愿者的积极性。

志愿者资源有助于提高社区在教育和文学、照顾老年人和儿童、环境保护建设、社区治安巡逻等方面的服务质量。在社区发展过程中，时间银行吸收了中国社区的诸多特点，推动了时间银行的本土化发展。例如，许多社区在时间银行的基础上开展了结对子和建立志愿者队伍。其中，北京市房山区西潞街道时间银行根据该区空巢老年人较多的情况，积极为空巢老年人提供志愿服务。2011 年，时间银行为 549 名空巢老年人提供服务，形成 449 对帮扶对象。再比如内蒙古自治区通辽市新城街道时间银行，对志愿者进行分类，建立了 12 支志愿者队伍，包括法律政策服务队、医疗卫生服务队、文化体育宣传队，促进了有针对性的社区互助的实现。此外，内蒙古自治区通辽市新城街的时间银行还推出了商铺签约模式，方便志愿者将积累的"时间币"兑换成日用品或享受折扣，提高了志愿者的积极性。

（三）形成了明显的可持续发展能力

中国的时间银行已经开始吸引年轻人，特别是大学生。时间银行的初衷是促进社会互助的实现，现在已经不仅仅局限于老年群体。由于时间银行的提出和建立大多是为了帮助老年人，时间银行的运作模式大多局限于低龄的老年人帮助高龄老年人，参与主体多为社区新退休的老年人，这大大限制了时间银行调动社会志愿服务资源、服务社会各年龄段的能力和作用。然而，现在时间银行已经开始吸引年轻人参与，试图促进时间银行的可持续经营和发展。比如湖南长沙星沙街道望仙桥社区的时间银行，希望通过微信平台吸引年轻志愿者。

（四）形成了卓有成效的信息化建设

目前，部分时间银行在一定程度上实现了信息化。这种时间银行通过微信平台、其他应用平台、网络网站平台等信息技术手段，极大地促进了时间银行框架内社会互助的实现。由于纸笔记录容易丢失，通过会议、广告牌等方式发布和承接服务信息的效率不理想，随着信息技术的发展，时间银行转向网络平台。借助信息技术，时间银行可以很好地实现志愿者标准化永久记录、及时共享服务信息和对服务行为进行评估和监督。如广东省南沙市建设的时间银行网站已达到上述要求，并能定期发布相关志愿服务项目信息。①

第二节　农村幸福院互助养老模式

众所周知，传统的家庭养老模式正在衰落，社会养老的高成本已经不能完全由单一家庭承担。2006 年，河北省肥乡县发生一起独居老年人在家中死亡数日的悲剧，促使肥乡县探索解决农村养老困境的出路。2008年，肥乡县前屯村集体投资，将废弃的小学改造成全县第一所农村幸福院，为入住老年人免费提供住宿、水、电、暖等设施。2012 年 3 月，全国社会养老服务体系建设工作会议在河北邯郸召开，"肥乡县样本"被赋予示范意义。在政府和村集体的推动下，截至 2016 年 1 月，肥乡县已建成农村幸福院 40 个（含共建 25 个），覆盖全县 265 个村，床位 3800 余张，常住人口 3892 人，这就是著名的农村幸福院的"肥乡模式"。②

由于农村幸福院目前的地位尚不明确，导致其缺乏一个正式的定义。

---

① 陈功，黄国桂. 时间银行的本土化发展、实践与创新——兼论积极应对中国人口老龄化之新思路 [J]. 北京大学学报（哲学社会科学版），2017（6）：113 – 122.

② 张健. 农村老年人互助养老模式的实证研究 [D]. 南京：南京农业大学，2017.

有学者根据生活方式和互助方式将农村互助养老分为四种主要模式：聚居互助式、探访互助式、聚居志愿式以及探访志愿式。基于此，本书的农村幸福院模式是指由村集体或家庭提供经济支持和相关资源，采取"村级主办、互助服务、群众参与、政府支持"的模式，通过低龄老年人照顾高龄老年人的方式为老年人提供生活照料和精神慰藉服务，它强调普通老年人之间的相互帮助和安慰。①

农村幸福院是"村级主办、互助服务、群众参与、政府支持"的新型农村社会互助养老模式。主要解决农村独居老年人的生活照料、精神慰藉、文化娱乐等需求。它既满足了老年人不离不弃的家乡情怀，又解决了养老问题，增进了老年人与子女之间的感情，使家庭更加和谐。

"村级主办"是指在村委会的领导下，以村或村社区为单位，建设互助幸福养老院。一般将村里闲置的厂房或其他公共资产改造成农村幸福院，按照原房间结构合理改造，整体运营成本低，充分考虑无障碍设施改造，以保证居住的舒适性和实用性，接纳需要入住的村或邻村老年人。

"互助服务"是指农村幸福院最具特色的"互助"。农村幸福院立足农村现状，通过自我管理和互助服务，将老年人集中在一起，这里的老年人一般都是行动没有问题的老年人。

"群众参与"是指村民、商人、农民工和爱心志愿者提供的经济和服务支持。农村幸福院的参与者主要是空巢老年人和60岁以上的留守老年人，他们能够在自己的村庄或邻村自理。他们寻求精神上的安慰，需要别人的照顾。商务人士、外来务工人员和志愿者的参与，通过爱心基金、捐赠生活用品、捐赠文娱工具、免费文化活动等形式，为农村幸福院提供帮助和服务。

"政府支持"是指对农村幸福院的建设、运营和补贴政策的支持。例如，市县民政部门负责农村幸福院的业务指导；各级民政、财政、审计、纪检等部门负责农村幸福院建设的定期监督检查和管理、农村幸福院补助

① 张健. 农村老年人互助养老模式的实证研究［D］. 南京：南京农业大学，2017.

资金的运行和使用；乡镇政府负责对当地农村幸福院的监督管理；各级政府要采取优惠政策，提高运行补助标准。①

一、农村幸福院的优势

（一）农村幸福院模式运行成本低

为应对人口老龄化，解决农村空巢老年人和留守老年人问题，河北省肥乡县成功探索出一条农村互助养老的新路子——肥乡农村幸福院。这种模式由村集体主办，村干部兼职管理。经营资金来源于国家财政拨款和村集体经济。农村幸福院的建设规模和标准因政府拨款和村集体经济建设的不同而不同。大部分是通过村集体租赁或利用村里闲置的学校进行改扩建建设，建设成本较低。农村幸福院的水、电、暖、煤等日常开支以及电视、麻将、扑克牌等娱乐设施由村集体提供，老年人免费享用。此外，农村幸福院没有专门的管理和服务人员，老年人实行自律和自我管理。年满60周岁、经子女同意可以自理的老年人，可以自愿申请入住。入住时，只需自带米面油和蔬菜，农村幸福院为老年人提供菜地。老年人不仅可以自我管理、节省开支，而且还可以通过互相帮助增强自己的成就感和幸福感。

（二）农村幸福院模式具有很强的适用性

农村幸福院被誉为"家门口的养老院"，农村幸福院模式比较适合农村老年人，是老年人离家不离乡的一种养老方式，迎合了广大老年人的养老需求。在农村幸福院中生活，农村老年人的居住环境没有改变。由于住在农村幸福院的老年人彼此熟悉，在很大程度上降低了入住老年人的孤独感。而且随着年龄的增长，老年人的生理功能普遍减弱，在农村幸福院中

---

① 左赛赛，高贵如. 农村互助幸福院可行性分析 [J]. 农村经济与科技，2020（9）：332 - 333.

生活更容易得到其他人的照料，比独自居住更加安全。万一发生突发事故，他们的孩子也可以在第一时间赶到进行及时救治。

（三）农村幸福院模式赋予老年人新的社会角色

老年人一旦退出工作和生活领域，就会被视为"需要支持的人"，这使许多老年人感到孤独和情感失落，认为自己不再是社会所需要的。而农村幸福院实行的是老年人互助模式，由身体条件好的低龄老年人照顾高龄老年人的日常生活。本着"低龄照顾高龄，健康照顾体弱"的原则，根据各自的能力来发挥自己的作用，让老年人在互助合作中充分发挥自身优势，既能解决自己的生活问题，又能在帮助他人的过程中发掘自己的价值。因此，农村幸福院模式通过挖掘老年人自身潜力，让老年人在互助合作中发挥出自己的能力，体现出自己的社会价值，属于积极老龄化的养老范畴。

二、农村幸福院的类型

（一）政府主导下的农村互助养老模式

新型农村互助养老模式的建立，显然离不开各级政府部门特别是基层乡镇政府的支持和统筹管理。其主要目的是发挥引导和协调作用，充分调动各方力量，给予资金支持、优惠政策支持和管理服务指导，为农村互助养老建设保驾护航。政府领导还意味着依靠村委会和合作社进行管理和服务指导，或协调建立养老服务中心、养老院和幸福院，其中最典型的是农村幸福院。最早的农村幸福院是"肥乡模式"，被称为"村集体负担得起、老年人负担得起、政府负担得起"的互助养老模式。这种模式由村集体赞助，村干部兼职管理。运营资金来自国家财政拨款和村集体经济。农村幸福院依靠政府资金和村集体经济建设，各地的建设规模和标准不太相同。大部分由村集体租用或由村闲置学校改扩建而成，建设成本低。政府发挥了良好的中介引导和协调作用，将政府、社会、家庭和老年人联系起来，充分发挥集体力量，建设农村幸福院，并取得了良好效果。在政府主导的模式下，各地政府可以充分调动和利用社会的各种资源根据互助原则，协调各有关部门，因地制宜开发资源。例如，农村幸福院的建设需要各部门的协调配合，财政部门提供财政支持，文化体育部门开展文化宣传活动，配备体育器材和设施，卫生部门建立老年人档案和老年人健康档案，城建林业部门开展规划、建设等项目。因此，新型农村互助养老模式的建设离不开政府的领导和参与。

（二）社区主导的农村互助养老模式

社会参与主要是指社会组织、社会团体等社会组织参与共同养老。社会组织往往需要借助于农村社区的帮助，通过直接或间接参与，实现对互助养老的支持，主要是一些慈善组织和养老团体为农村互助养老提供社会支持。

第一种是由当地社会组织参与的互助养老。目前，许多农村地区都有自己的农村互助基金。这些农村互助基金由该村发起，以该村为单位，鼓励该村成功人士和富裕村民捐款，帮助村里供养老年人和有困难的老年人。这样不仅能让村里比较成功的人关注家乡的发展和人们的生活，为振兴农村发挥作用，还能解决村里老年人的实际困难。同时，村里还设立了老年活动中心，以减轻老年人的压力，增加老年人的福利。

第二种是由非本土的社会组织参与农村互助养老。各类社会组织的介入，可以充分发挥专业社会组织的作用，为农村互助养老带来人力、资本、技术等各方面的社会支持。社会组织可以培养大量志愿者和农村互助养老志愿者。这些志愿者可以提供很多专业类型的服务，包括物质帮助、精神慰藉和心理咨询等。主要包括清洁、照顾、代购等服务，还与老年人沟通、聊天，让老年人获得心理安慰。一方面，志愿者弘扬敬老爱老的正能量，积极营造农村养老文化。另一方面，他们可以让农村老年人感受到社会对他们的关怀。同时，这些志愿者深入参与社区建设，努力为农村老年人创造一个舒适和谐的农村社区环境。

（三）村民主导的农村互助养老模式

中国传统社会本质上是一个乡土型社会，以家庭为核心开展的家庭养老一直是农村养老的主流。在当前农村互助养老的发展过程中，农村内部的邻里亲属关系仍然发挥着重要作用。主要包括三种情况：家庭互助、姻亲互助和邻里互助。

以家庭互助为基础的农村互助养老主要是以家族或家庭自身为基础，以传统血缘关系为纽带发展起来的，也是最基本的互助养老模式。包括家族中的所有家庭，甚至村里的同姓家庭成员，在正常情况下，他们应该为家族中的老年人提供基本的养老援助，包括饮食、健康、护理、葬礼和其他援助，以便老年人能够安度晚年。同时，在传统的农村社会，人们主要依靠抚养子女来获得晚年的生活保障，而那些没有子女的人，如"五保户"，则只能通过其他方式来实现自己的愿望，以让自己晚年能够得到基本的生活照料，如在一些大家庭中出现过继和认干亲现象，把其他家庭中的孩子收养为自己的养子女，被收养人将承担赡养老年人的责任，并同时继承老年人的所有遗产。这些都是基于家庭互助的养老。

而以姻亲互助为基础的农村互助养老主要以婚姻关系为基础，通过婚姻、招赘等方式对双方父母进行赡养。与家庭互助不同，姻亲互助主要发生在家族以外的成员中。典型的表现是，独女户或双女户出嫁之后所生的子女为外公婆养老送终；而在被招赘后，女婿往往扮演"儿子"的角色，并承担双方父母的养老义务。他不仅要承担生身父母的养老义务，还要承担岳父岳母的赡养义务。这种婚姻使无血缘关系的家庭联系在一起，实现了不同家庭之间的互助养老。

邻里互助也是传统农村互助养老的重要形式，也有其独特的优势。特别是在城市化进程加快、年轻人口大量外流的情况下，留守老年人现象更为普遍。邻里互助通常基于非血缘和亲属关系。它是对一些家庭负担不起机构养老费用的老年人提供一些物质帮助和生活照料，以便老年人能够安度晚年。邻里互助在农村地区非常普遍。在业余时间，住在一起的老年人聚在一起聊天，谈论他们的生活琐事等。偶尔，老年人可以互相带一些生活用品，互相帮助修理一些家用物品。这种邻里互助本质上是一种超越血缘关系、以农村地缘关系为纽带、以互助互利为基础的养老方式。

三、农村幸福院的运营现状

自从肥乡县的农村幸福院模式创建以来，全国各地陆续学习并创办类型多样的农村幸福院，农村幸福院渐成规模。

（一）基础设施建设逐渐标准化

肥乡县前屯村位于肥乡县城北 3 公里，全村 300 户共 1500 人，60 岁以上老年人 180 人，其中独居老年人 45 人。为解决这些独居老年人养老问题，2008 年 8 月，该村投资 8 万元，对闲置的小学教室进行改造和装修，创建了首家农村幸福院，当时共有宿舍、厨房、餐厅和储藏间等 24 间，床位 25 张。2012 年又进行了改扩建，条件得到了较大改善，床位增加 8 张，新设置了三台电磁炉、储物柜、餐桌、冰箱、彩电等设施。此外，还设有文体娱乐活动室、储藏室、浴室、厕所、健身设施、菜园等。经过一段时间的实践，前屯村的老年人对农村幸福院普遍持满意态度，认为农村幸福院解决了他们一直以来比较关心的养老问题。

为全面提高农村幸福院建设水平，肥乡县根据当地农村集体经济情况，按照"积极推进、提早运营、逐步完善"的思路，制定了三类标准来完善农村幸福院的基础设施。不同的标准的生活设施也不相同，一类标准的农村幸福院的硬件设施和服务功能相对完善，充分满足了老年人的需求。但经济条件相对落后的农村，起初是按二、三类标准建设，后来逐步完善。二类标准只能满足老年人的生活需要，缺乏健身器材等。而三类标准则只能满足老年人的最基本的生活需要。

　　河南省作为人口大省，同时也是老龄化程度较为严峻的省份，其非常关注农村幸福院这一新型养老模式的发展及其应用，部分地市在政府的支持下开始创办农村幸福院。例如，2019年，洛阳市下发了《洛阳市人民政府办公室关于印发洛阳市居家和社区养老服务改革试点实施方案的通知》，指出要坚持"村级主办、互助服务、群众参与、政府支持"的原则，以农村幸福院为依托加大养老服务设施的建设力度，并首次鼓励农村幸福院与当地医疗机构、娱乐机构、超市融合，为入院老年人提供便利。目前，洛阳市已建成1280户农村幸福院，覆盖了洛阳市的偏远郊区和大部分县区。此外，根据《洛阳市推进健康养老产业转型发展实施方案》指出，到2020年，洛阳市将建成600个农村幸福家园，覆盖60%的农村行政村。[①]

　　此外，根据政策要求，洛阳市根据当地情况建立了三种不同类型的农村幸福院。第一类是示范性农村幸福院，一般建立在经济基础较好、人口较多的农村地区。由于村集体资金来源多样化，对农村幸福院的补贴较多，这种类型的农村幸福院条件较好，设施和资源完善，能够满足不同类型的养老互助服务需求，具有日常生活功能。第二类是标准型农村幸福院，不是新房，主要是利用村里的废弃房屋改建、扩建，改造成农村幸福院。与示范型相比，标准型农村幸福院设施简单，条件差，一般不具备住宿功能。第三类是普通型农村幸福院，这种类型更简单，主要是把现有的住房设施改造成老年人休息娱乐的场所，不具备就餐、住宿、休息等功能。[②]

　　陕西省各地也在努力推行农村幸福院建设工作，截至2015年底，陕西省西安市共建成农村幸福院412个，覆盖率12.8%。一年后，西安市共有农村幸福院638家，但与宝鸡市建设的1035家相比，数量仍显较少。

---

　　① 洛阳市政府网：http://www.ly.gov.cn/zwgk/gkwx/gfxwj/0302/2018n/824893.shtml.

　　② 李燕鸽.农村幸福院运行困境与优化策略研究——基于L市的调查分析［D］.开封：河南大学，2020.

在服务模式上，与河北省肥乡县、山东省东平县相比，服务质量不够高，特色服务不明显，尚处于探索阶段。① 而陕西省 L 县在幸福院建设实施过程中，考虑到各村经济条件的不同，决定按照三个标准建设幸福院：一是在条件好的村里建设一个水平相对较高的新幸福院；二是在条件好、资产闲置的村庄，将闲置的校舍或公共办公楼等集体房地产资源改造成幸福院；三是在条件一般、没有空置公房的村庄，幸福院建设由村级组织租用村民空置的民房进行重建。②

湖南省比较重视农村幸福院的建设工作，2015 年，湖南省委、省政府将农村幸福院建设纳入重点民生实事工程，提出到 2020 年在 70% 以上的农村建成幸福院的目标，加快实现农村老年人老有所居、老有所养、老有所乐、老有所医。以湖北省 S 镇为例，2015 年，S 镇向湖南省民政厅申请建设农村幸福院，新增 4 个农村幸福院。2016 年新建农村幸福院 5 座，2017 年农历新年全部入住，2017 年底实现幸福院的全覆盖。S 镇在农村幸福院建设和运营中，坚持"村级托管、政府扶持、互助服务、群众参与"的原则，以"集体建设、集中居住、自我保护、互助服务"为基本方式，村委会负责农村幸福院的建设和管理。住院的老年人自己负责吃穿费用，他们相互支持，共同生活。

（二）农村幸福院的服务内容不断丰富

互助养老的主要功能是帮助农村老年人解决养老困境，主要方法是让老年人集中居住，主要目的是建立老年人互助发展的平台。通过生活、医疗、精神、娱乐等方面的互助，实现老年人的物质和精神生活需求，使老年人产生安全感和幸福感。在建设和运营过程中，一些农村幸福院只注重满足老年人的衣食住行需求，把主要精力放在提高农村老年人的物质生活水平上，不注重物质生活和精神生活的同步发展，忽视了老年人对文化娱

---

① 余晓艳. 西安市农村互助养老幸福院服务模式研究 ［D］. 西安：陕西师范大学，2017.
② 朱梦瑶. 陕西省 L 县农村互助养老幸福院模式的完善研究 ［D］. 西安：长安大学，2019.

乐需求和心理健康需求的满足。^① 随着农村幸福院的发展，其服务内容不断扩展，具体而言，农村幸福院的服务内容包括以下几个方面。

1. 生活照料服务

据调查显示，在生活照料方面，农村幸福院的互助服务主要为日常起居、合伙做饭、合作清洁、代购生活用品、助洗和助行等。第一，老年人最常见的互助服务是日常起居和合伙做饭。由于是集体生活，日常起居过程中的互帮互助自然就能发生。而合伙做饭则可能与农村幸福院为老年人提供厨具有关，老年人在同一个厨房里做饭，互相帮助可以提高效率，降低成本。第二，老年人较为常见的互助服务是帮助洗衣服。大多数农村幸福院都有洗衣机。老年人们常常在使用洗衣机、晾晒衣服等方面互相帮助。第三，老年人较常见的互助服务是代购生活用品，比如买蔬菜、买肉。所以，农村幸福院的生活照料服务主要体现在日常起居、饮食购物和卫生清洁等方面。

生活照料的第一个方面是日常起居，入住农村幸福院的老年人通过互相帮助使得各自的日常生活质量得到了较大的提高。调查显示，半护理、全护理的老年人对日常起居照顾的需求较高，大多数的老年人接受过日常起居照顾。老年人们住在同一个院子里，与独居相比，老年人可以互相照顾，特别是在日常生活中，一旦发生意外，可以互相帮助。例如，每天起床时，身体健康的老年人会主动帮助其他穿衣困难的老年人叠被子。有些老年人不擅长缝补衣服，农村幸福院的老太太通常会帮忙。此外，一些老年人的灯泡坏了，需要搬动重物，他们也可以向农村幸福院的其他老年人寻求帮助。其他电子设备和家用电器，包括收音机、电视机和洗衣机，熟悉操作的老年人会积极引导其他老年人使用。为了安全和节约成本，有的幸福院用电磁炉代替了明火炉。很多老年人对电磁炉、抽油烟机等现代小家电的使用并不熟悉，农村幸福院的负责人教会了几位老年人后，老年人

---

① 贾娜娜. 农村互助养老模式运行问题研究——以山东省滨州市农村幸福院为例 [D]. 济南：山东师范大学，2020.

之间就会互相传授使用经验。在这些日常小事的相互帮助下，老年人的生活越来越方便。

生活照料的第二个方面是饮食购物，农村幸福院可以为入住老年人提供餐饮服务，基于互助理念，入住老年人也可以帮助其他老年人代购一些物品，所以，饮食购物是农村幸福院所能提供的主要服务之一。以莲塘村幸福院为例，老年人的伙食费每人每天大约是 10 元。虽然伙食费标准低，但由于他们身在农村，可在当地以较低价格获得较为丰富的食品原料。此外，当地村民经常从家里免费送蔬菜到农村幸福院中。幸福院负责人是一位 60 多岁的老年人，熟悉老年人的口味，每周安排一次老年人食谱，提前在农村幸福院张贴。在管理人员的精心安排下，农村幸福院的菜肴品种丰富，营养充足。[①] 此外，村民的生活习惯相对较为接近，农村幸福院也经常提供一些符合当地人口味的农家特产。所以，农村幸福院的饮食比较容易受到老年人的喜爱。

生活照料的第三个方面是清洁卫生。以河北省前屯村幸福院为例，在幸福院里，无论是在老年人卧室还是公共活动区，生活环境都需要大家一起维护。鉴于部分老年人只熟悉农历的计时方法，农村幸福院在安排老年人打扫公共场所值班时，将老年人分为 4 组，分别在农历逢一、四、七；逢二、五、八；逢三、六、九；逢十时打扫卫生，每组 3~4 人；老年人彼此互相照顾，宿舍卫生的打扫也是在互相帮助下完成的。有的农村幸福院则规定老年人卧室的清洁工作由老年人自己负责，幸福院的组长和老年人会互相监督。

2. 精神慰藉服务

在经济社会的飞速发展中，人们越来越重视更高层次的需求，人类情感活动和精神文化的满足能给老年人带去更多的归属感、幸福感和安全感。通过访谈发现，不少农村老年人对精神慰藉方面的需求还是比较强烈

---

① 王佳昕. 农村幸福院养老方式构建——以厦门市翔安区为例［D］. 厦门：厦门大学，2017：21.

的，入住农村幸福院的老年人也不例外，渴望快速融入新的群体并得到其他老年人的认同和尊重。由此可见，农村幸福院中的老年人迫切需要得到情感和精神方面的慰藉，以满足自己自尊等方面的需求。

在精神和情感慰藉方面，老年人需要更多的是精神上和心理上的关怀以及来自感情上的支持。尊重和关心老年人，也要使他们在产生心理困扰时有诉说的对象和场所，得到精神慰藉，从而降低负面情绪，激发其生活的信心。幸福院老年人之前都是空巢独居，精神慰藉得不到足够的关注，因而精神慰藉上的互助服务在农村互助养老中的地位也极其重要。由于老年人拥有丰富的人生阅历和经验，通过给他人建议反过来也会让老年人更具自我价值感，找到生活的意义。[①] 因此，互助养老非常值得推荐的地方就在于老年人之间的互帮互助，互帮互助不仅体现在日常起居等生活照顾层面，也体现在精神和情感慰藉等层面，精神和情感慰藉服务主要包括以下几个方面。

一是聊天沟通。同龄老年人之间具有更多的共同话题，相较于年轻人，沟通交流起来也更为顺畅。在农村幸福院中，老年人们可以同其他老年人唠唠家常，说说心事。有的文化水平较高、心态乐观的老年人不仅能给自己做心理疏导，还会主动帮助其他老年人打开心结，陪他们追忆年轻岁月，聊聊自己的儿孙，在充实自我生活的同时又给予了其他老年人生活的希望。

二是娱乐休闲。在 S 镇的幸福院内，一些老年人会在活动室一同观看戏剧类节目，在看戏过程中相互帮助，有的老年人只能看清楚画面听不清声音，旁边的老年人就会大声向这些有听力障碍的老年人描述故事情节，老年人的兴趣爱好在彼此的帮助下得到满足，提升了娱乐生活的质量。喜爱打麻将和会下棋的老年人也经常聚在一起，边娱乐边聊天，既消磨了时间，也让更多老年人积极有效地融入了幸福院的群体生活。这些娱乐活动不只包含了老年人的互帮互助，还充盈了老年人的精神世界。

---

① 张健. 农村老年人互助养老模式的实证研究［D］. 南京：南京农业大学，2017：30.

三是老有所为。按照马斯洛需求层次理论，人的需求分为五个层级，包括生理需求、安全需求、社交需求、尊重需求和自我实现的需求。当老年人的生理需求、安全需求和社交需求得到适度满足之后，尊重需求和自我实现需求自然就成为老年人的主要需求了。而尊重需求和自我实现需求的满足离不开老年人的积极作为，需要老年人在为其他人提供服务的过程中得到他人的认可，进而实现自我价值。

老年人在幸福院内相互帮助和交换资源的过程中获取"被需要感"，感受到自己并不是一无所用的累赘，活着是有意义且有奔头的，他们的生活不再被边缘化，取而代之的是发挥自身潜能、创造社会价值的"成就感"。在幸福院的互助服务和与他人的沟通交流时，老年人自己也在学习、发展提高养老服务的技能，更新过时陈旧的思想观念，增强互助服务的能力，在做出贡献时获得来自其他老年人和村民的认可称赞而逐渐获得自信。

以株洲市 S 镇农村幸福院为例，该农村幸福院采取的是组长责任制，组长责任制是有助于老年人自我价值实现的有效手段。农村幸福院由院长在幸福院居住的老年人中选拔一名组长，组长负责老年人们的日常生活。组长的主要职责包括：督促大家搞好室内外卫生，保持院容院貌整洁；排查易燃易爆物品等危险物品；及时掌握其他老年人的去向；组织文体娱乐活动，丰富老年人生活，动员老年人积极参加村内的其他集体活动等。[①]农村幸福院作为一个"老有所为"的平台，提高了老年人对生活和生存的积极性，互助服务的运行方式使老年人意识到并发挥了自我价值，一定程度上实现了从依赖家庭和社会的"被赡养者"到贡献能量的"互助养老者"的积极角色转变。

可见，农村幸福院的管理工作及其他老年人对其工作的认可对老年人的精神面貌、积极主动的生活态度的影响。此外，由于农村幸福院与村委

---

① 罗瑶. 农村互助养老幸福院模式研究——以株洲市 S 镇为例 [D]. 长沙：湖南师范大学，2018：28 – 30.

会常常建在一个院子中，在一定意义上村委会也成为幸福院老年人"老有所为"的一个平台。当村委会组织活动或召开会议时，农村幸福院里的老年人经常主动帮忙，老年人在这些工作中获得被需要感，也是其精神需求满足的一个方面①。同样的道理，农村幸福院中其他老年人也能在日常的相互帮助中意识到自己的存在对他人的价值，幸福院老年人互助服务的运行方式为老年人意识到自身价值提供了良好的平台。

3. 健康护理服务

随着人口老龄化与高龄化的发展，高龄老年人的慢性非传染性疾病也在增加。金尼和卡特（Kinney，J. M.，& Kart，C. S.）研究发现，有将近九成的 65 岁及以上的老年人至少患有一种慢性病，患病概率随着年龄的增长而加大，有五成以上的 75 岁及以上的老年群体都患有关节炎。② 以株洲市 S 镇农村幸福院为例，S 镇近九成的老年人都患有或轻或重的慢性病，高血压、高血脂、高血糖、呼吸系统疾病以及风湿、关节炎等骨骼类疾病最为常见。在治疗疾病的过程中，调查发现 S 镇的老年人平常吃的药都只具有基本功效，有些老年人记性不好经常忘记服药。另外，生理方面的特殊性导致老年人更容易发生急性疾病，因发生急性疾病后无人帮助而死亡的风险时刻威胁着农村空巢老年人，他们尤其需要医疗方面及时且专业的照料。③

事实上，随着身体机能的逐渐衰退，老年人确实需要越来越全面和及时的保健。空巢老年人或独居老年人在家养老时，往往处于无人照护的状态，导致小病拖成了大病和重病，给家庭造成了严重的负担。健康的老年人在入住农村幸福院后，会经常提醒其他慢性病老年人按时服药，并不时关心同龄人的身体状况。当一位老年人出现头痛、感冒等不适时，其他老

---

① 张彩华. 村庄互助养老幸福院模式研究：支持性社会结构的视角［D］. 北京：中国农业大学，2017：108 – 109.

② Kinney J. M.，Kart C. S . Not Quite a Panacea：Technology to Facilitate Family Caregiving for Elders with Dementia［J］. Generations，2006（2）：64 – 66.

③ 罗瑶. 农村互助养老幸福院模式研究——以株洲市 S 镇为例［D］. 长沙：湖南师范大学，2018：22.

年人会主动要求并敦促其向医生购买药物。一旦出现急症，住在同一屋檐下的其他老年人会及时发现，并采取帮助措施或向村委会求助。在农村地区，许多老年人受到生活条件的限制，有各种不健康的生活习惯，如吸烟、饮酒和不健康的饮食，这些都在潜移默化地威胁和影响着当地老年人的健康。在互助养老的集体生活中，生活方式良好的老年人还可以帮助其他老年人纠正不良习惯。

对于以上互助内容，其互动频次并非呈现出较为均衡的分布状态，而是出现了较为明显的差异化情况，一些典型性调查验证了这一点。据陈跃的调查发现，在以上互助内容方面，被调查者在休闲娱乐和精神慰藉两个方面所进行的互助最为频繁。在生活照料和医疗护理领域所进行的互助相对较少，这说明农村幸福院内老年人们的互助支持还处于简单的精神、娱乐互助层面，互助水平不高，互助内容还有待得到充分发掘。①

（三）农村幸福院的经费来源与支出情况

1. 农村幸福院的经费来源情况

老年人在农村幸福院中互助养老的实现需要有经济上的支持为基础，从目前的研究来看，农村幸福院的经费来源主要包括：个人与家庭支持、村集体资金支持、政府补贴支持和社会捐赠支持四个方面。

（1）个人与家庭支持。

农村幸福院模式继承了家庭养老中由家庭提供经济支持的传统，家庭依然是农村幸福院老年人经济支持的重要来源。农村幸福院老年人的家庭成员主要通过三种形式提供经济支持：给老年人零用钱/养老钱（包括医疗费用），地租或耕地收益，以提供生活必需品的形式替代老年人的生活费用开支。在前屯村养儿防老的传统下，一般由儿子负责给老年人提供零用钱、生活用品等，由女儿负责衣物、部分食品等生活所需，随着农村子

----

① 陈跃. 农村幸福院养老模式实证研究——以山东省 Y 县为例 [D]. 南京：南京师范大学，2020：37.

女数的减少，养老负担的加重，也有女儿给老年人养老钱或分担医疗费用的情况。

由于老年人自身家庭经济状况的差异性，不同家庭对老年人的经济支持也有所差异，在养儿防老传统下，大部分老年人选择依靠儿子养老，而把自己的责任田平均分配给儿子们，由儿子们代耕并给老年人供给养老所需。但是，老年人出于养儿防老的考虑，认为土地给自家人种，给的（地钱）差不多够花就行，即使土地出租收益会高一些，有些老年人也愿意把土地给孩子种。

不过，老年人负担能力的大小和老年人自身的经济状况有很大关系，村子内部老年人的收入并不相同，多数老年人虽不能定期从子女那里获得零花钱，但毫无疑问，在一些特定的时期，如老年人生病或者逢年过节时，多数老年人能从子女那里得到相应的零用钱，但数量不多。此外，多数老年人仍在家中从事生产活动，在收获季节仍会获取一笔土地收益，但受制于气候条件等因素的影响，这笔收入也不固定。老年人比较稳定的收入来源主要是来自国家所提供的一些老年的社会保险和福利的支持，农村基础养老保障待遇为年满 60 岁及以上老年人都能获得每月至少 75 元的基础养老金，大概每年 900 元，70 以上老年人的补贴更高一些。

对老年人来说，尽管抛开并不固定的子女所给零用钱和土地收益来说，70 岁以上老年人每个月可得到的固定收入在 125 元左右，而据学者聂建亮调研测算所得出的结论，可以满足农村老年人基本生活需要的养老金均值为 267 元/月。[①] 因此，对老年人来说，很多时候自身的开支还难以保证，且村中多数老年人承担着"隔代监护"的责任，需要开销的地方并不少，难以有多余的钱财去负担入住农村幸福院的费用。

（2）村集体资金支持。

村集体资金是很多农村幸福院的主要资金来源。很多地方利用村集体

---

① 聂建亮. 农村老年人需要多少养老金？——对农村老年人养老金需求数量的实证分析 [J]. 北京社会科学，2017（7）：19－31.

的闲置资产，以村集体经济投入为主，整合农村资金，用于农村幸福院建设，农村幸福院中水电、暖气以及日常设施等支出则由村集体经济来负担。① 可以说，村集体是一些农村幸福院的主要供给者，管理人员配备和后续管理的资金主要由村集体提供。②

对于很多农村来说，村集体经济比较薄弱，而且，村级本身的收入的渠道很窄，多靠政府一些项目的补助后的结余，很少有其他的收入来源渠道。因此，难以负担起农村幸福院长期运转的资金需求。而村集体面临的开支项目同样巨大，防汛、抗旱、养老、治安、路灯等村里公共事务的维护都需要花费很大的资金，因此，即使村里有一定的资金，也难以全部投入到农村幸福院的运转中来。

但一些集体经济基础较好的村子可以对农村幸福院提供长期的运营经费支持。如西安市长安区乙村集体给炊事员每月700元补贴，就餐老年人每餐收2元钱，其余由村集体财政补贴，以保障老年餐桌持续运营；长安区一个村集体经济每年给村老年协会提供4万元活动经费、甲村集体经济每年给老年协会提供6000元的活动经费，支持老年协会开展服务。③

村集体除了为农村幸福院提供运营经费支持之外，还为农村幸福院提供各种设备材料，为老年人的养老生活营造良好生活环境。如：陕西省L县在农村幸福院的运行过程中，村集体就承担起了主体责任。首先，为投入使用的农村幸福院配备基本的生活设施，如电视、风扇、桌椅等，并且为入院老年人购买各种生活用品，在一定程度上方便了老年人的生活。其次，村集体负责农村幸福院的运营管理责任，农村幸福院中的日常生活花销均由村集体承担。④

而有的村集体为了筹集更多资金用于农村幸福院的建设与运营活动，

① 张健. 农村老年人互助养老模式的实证研究［D］. 南京：南京农业大学，2017：22.

② 陈想云. 农村互助幸福院养老供需矛盾分析——基于QJ村的实地调研［D］. 南昌：南昌大学，2020：18.

③ 余晓艳. 西安市农村互助养老幸福院服务模式研究［D］. 西安：陕西师范大学，2017：23.

④ 朱梦瑶. 陕西省L县农村互助养老幸福院模式的完善研究［D］. 西安：长安大学，2019：20.

通过整合多方资金来实现这一目的。如：根据"渠道不变，用途不变"的要求，将财政、民政、住建、残联、扶贫等部门与农村幸福院建设捆绑起来，把项目资金用于农村幸福院的运营管理之中，其中利用精准脱贫资金，用以建设贫困村的农村幸福院，采取政策与资金扶持农村幸福院，通过选择新的地址建设具有休息室、老年餐厅、休息娱乐室、厨房的农村幸福院，并且改造与建设一批仅具有娱乐休闲功能的农村幸福院。[①]

（3）政府补贴支持。

政府补贴支持是农村幸福院建设与运营的重要资金来源。以河北肥乡县为例，肥乡县农村幸福院建设经费的来源方面主要是财政补贴。肥乡县农村幸福院指挥部按照交通状况，村级重视程度、管理、建设、入住等因素确定了县级重点村和乡级重点村，县财政按照县级重点村平均每村 1 万元标准和乡级重点村每村 0.3 万元的标准进行补助，这些资金由乡镇政府统筹使用。[②] 此外，肥乡县政府给予一次性资金 2.5 万元，平时给予一定的运行补助，每人每年为 5000 元，每超过 10 人加 1000 元。[③] 运营资金的补贴各地参差不齐，肥乡县为每年 5000 元，而滨州市则是每年 1000 元。[④]

与此相类似，H 省 L 县农村幸福院项目建设资金则由中央、省政府各出资 3 万元，市政府 1 万元，平均每个农村幸福院的建设资金是 7 万元，主要用于农村幸福院的房屋修缮和设施的配备。具体来说政府对 L 县农村幸福院的资金支持主要有：L 县政府会根据新建、闲置房产改造和租赁农民房屋三种建设标准为农村幸福院分别补助 1.5 万元、1 万元和 0.8 万元。此外，政府会设置优秀、良好、一般三个奖励层次，每到年终会让专人综合考核各个农村幸福院的运作情况，然后对优秀、良好的农村幸福院分别奖励 5000 元和 3000 元，这些奖励资金是用来补贴农村幸福院的运

① 李燕鸽. 农村幸福院运行困境与优化策略研究——基于 L 市的调查分析 [D]. 开封：河南大学，2020：24.

② 马昕. 农村互助养老模式研究——以河北肥乡互助幸福院为例 [D]. 保定：河北大学，2014：15－16.

③ 周彦言. 公共政策评估视角下农村互助养老问题研究 [D]. 济南：山东财经大学，2017：24.

④ 何斌. 滨州市农村互助养老问题研究 [D]. 济南：山东师范大学，2015：19.

转费用。①

有的地方则把政府补贴以制度的形式予以固定化。如：2016 年《山东省民政厅、山东省财政厅关于印发〈山东省发展养老服务业省级专项资金补助项目实施方案〉的通知》规定，对符合条件的已建和新建农村幸福院，分别给予 3 万元的一次性建设补助或 3 万元的开办补助。②

西安市财政则采取"以奖代补"的方式每年给每个农村幸福院提供最高 1.5 万元的运营补贴。在西安市 10 个涉农区县中，目前已有 2 个区县对幸福院配套了运营经费。长安区从 2016 年开始，在市级运营补贴的基础上，区财政给每个农村幸福院每年 3 万元运营补贴；Y 区给每个农村幸福院每年补贴 1.5 万元。一些区县对部分示范性农村幸福院提供了人员工资与餐费补贴支持。③

河南省 L 市也对每个农村幸福院提供每年 5000 元的经费补贴，向贫困失能与高龄老年人发放补助，并将失能老年人的补贴由每月 50 元增加至 100 元，针对 80～89 岁、90～99 岁、100 岁以上的老年人，每个月每人分别可领取 50 元、100 元、300 元不等的高龄津贴。除上述两种筹资方式之外，L 市的 R 县设立孝心基金，老年人的子女需要每个月向其父母给予 100 元的养老基金，政府每个月也为老年人补贴 10 元。④

但是，在调查过程中，大部分村的集体经济比较薄弱，运转经费依赖于建设经费中的剩余、政府的运行补贴以及一些企事业单位、社会的捐助和政府的考核奖补。但受宣传力度和交通的影响，捐助和奖补是不固定的，难以依靠这些补助来维持其发展。⑤

---

① 朱梦瑶. 陕西省 L 县农村互助养老幸福院模式的完善研究［D］. 西安：长安大学，2019：19.

② 陈跃. 农村幸福院养老模式实证研究——以山东省 Y 县为例［D］. 南京：南京师范大学，2020：22.

③ 余晓艳. 西安市农村互助养老幸福院服务模式研究［D］. 西安：陕西师范大学，2017：23.

④ 李燕鸽. 农村幸福院运行困境与优化策略研究——基于 L 市的调查分析［D］. 开封：河南大学，2020：24.

⑤ 马昕. 农村互助养老模式研究——以河北肥乡互助幸福院为例［D］. 保定：河北大学，2014：16.

（4）社会捐赠支持。

社会民间力量也是农村幸福院资金供给的重要辅助，这得益于中国传统"家文化"的影响，中国人自古有落叶归根的思想，对自己的祖籍很重视，回报家乡是农村的一贯传统，这些社会力量包括资金捐赠，即村民自愿捐赠（其中包括在外经济条件较好的乡贤以私人名义捐赠和企业名义捐赠）、企业捐赠等。

以河北省 F 县为例，该县主要采取动员村里外出经商的成功人士回报村里的方式来筹集资金。此外，也借鉴农村公益事业的经验，在农村幸福院内部的物质配备上，除了按照一定的标准进行统一采购和发放之外，也借助了社会力量，例如宾馆、单位和家庭淘汰的床铺、衣柜、家具等，经过筛选后直接供给农村幸福院，变废为宝。[①] 陕西省 L 县崔家头镇农村幸福院建立初期，村子里的许多成功人士、"走出去"的企业老板以及崔家头镇的爱心工程团队等纷纷表达他们的爱心和尊重，捐助总达 26 万余元。县委、县政府倡议县属工商企业、在外经商成功人士，与农村幸福院结对子，献爱心。截至 2018 年 12 月，农村幸福院共收到社会各界捐赠 37.78 万元。在 2017 年县委、县政府开展以"金秋送爽关爱老年人"为主题的实践活动，其间有 25 户帮扶企业捐赠款物 10.3 万元，93 名爱心人士捐赠 5.08 万元。[②]

随着农村幸福院的发展，愈发引起了社会各界的注意，社会捐赠也会越来越多。例如，株洲市 S 镇在建院初期资金紧张，村集体垫资筹建。直到 2015 年农村幸福院得到社会关注与支持，株洲市某房地产开发有限公司捐助 20 万元。S 镇将这 20 万元作为专项资金，为所有农村幸福院统一购置冰箱、洗衣机、电视机等生活电器，为老年人入住提供了基本的生活设施，改善了老年人的居住条件。[③]

---

①　张健. 农村老年人互助养老模式的实证研究 [D]. 南京：南京农业大学，2017：23.
②　朱梦瑶. 陕西省 L 县农村互助养老幸福院模式的完善研究 [D]. 西安：长安大学，2019：20.
③　罗瑶. 农村互助养老幸福院模式研究——以株洲市 S 镇为例 [D]. 长沙：湖南师范大学，2018：24.

不过，这种社会捐赠在大多数地方仍仅仅具有补充和辅助的作用，难以承担起主要的资金来源角色。例如，从 2012 年开始河北省肥乡县九三学社、乐慈协会、民进党等社会组织及个别慈善家也曾捐助助听器等老年用品和现金等，医院也会开展义诊等活动。但是，相对而言，农村幸福院老年人所能直接享受到的社会捐助资源是比较有限的。①

2. 农村幸福院的经费支出情况

自河北肥乡县农村幸福院开始正式运转之后，老年人的穿衣、吃饭、看病等日常费用主要由其子女来负担。农村幸福院的水费、电费、取暖费以及日常各种设施的维护、更换等支出份额较大的费用按照规划主要是由村集体经济来提供。

幸福院运营的支出还包括保洁人员等的工资支出。由于部分幸福院没有聘用厨师和专职护理人员，只有村委聘用的本村保洁人员定期打扫幸福院公共区域的卫生，因此，工资方面的开支整体很少。在水电暖费方面，为体现幸福院对院内老年人的福利性照顾，各村都对院内老年人进行了一定程度的减免，因此，村集体承担了部分费用，除此之外，村集体还承担了困难户和公共损耗的费用。

其中，设施维护与修缮是各幸福院支出最大的项目，这一方面的差距也较大，主要与幸福院的建制形态有关。平均而言，以当前服务户数计算，各幸福院的每年每户运营成本为 0.08 万 ~ 0.26 万元之间。总体来看，与机构养老院相比，幸福院的运行成本要低很多。②

不过，也有研究表明，人员工资和水电费是农村幸福院支出较多的地方，从陕西省宝鸡市 D 村幸福院目前的主要开支来看，D 村幸福院由于坚持高标准一次建成了众多场所，其运营费用开支很大。据幸福院负责人介绍，仅仅是维持老年餐厅做饭的厨师，每月的工资就高达 3000 元，再加

---

① 张彩华. 村庄互助养老幸福院模式研究：支持性社会结构的视角 [D]. 北京：中国农业大学，2017：102.

② 陈跃. 农村幸福院养老模式实证研究——以山东省 Y 县为例 [D]. 南京：南京师范大学，2020：32 - 33.

上水电费，物资的采购费，一些健身设备和图书资料的更新需要费用，综合下来一年的开支达到 10 多万元。[①]

（四）农村幸福院的组织管理状况

农村幸福院的组织管理离不开政府的统筹部署，以株洲市 S 镇为例，S 镇农村幸福院领导小组由分管副区长任组长、区民政局局长任副组长。区民政局分管副局长和相关股室负责日常工作，抓好抓实全区农村幸福院建设工作的组织、领导、协调和督导，区直有关单位指导幸福院建设工作，完善有关手续，区建设局统一制订幸福院规划设计方案。S 镇党委、政府主要负责人为农村幸福院建设的直接责任人，负责规划布局、组织领导和具体实施工作。S 镇民政办负责对农村幸福院建设申报、考核验收等工作的组织协调和落实，各村"两委"承担农村幸福院建设管理的主体责任。[②] 这样就构成了架构完善、责权明晰的农村幸福院组织管理体系。

河北省肥乡县的做法则是把村级组织作为农村幸福院建设和管理的主体，村级组织是农村幸福院的直接责任人，各乡（镇）政府为主要责任人，县有关部门为行业管理责任人。根据《肥乡县农村幸福院：资料汇编》中了解到，在肥乡县农村幸福院建设推广阶段即 2010～2012 年间，肥乡县县委、县政府相继发布了〔2010〕76 号、〔2011〕14 号、肥文〔2011〕11 号、肥办字〔2011〕58 号、肥字〔2012〕4 号、〔2012〕4 号、肥办字〔2012〕14 号、肥办号〔2012〕15 号、肥办字〔2012〕16 号文件，整体上对农村幸福院建设、推广、管理以正式的指导性文件形式提出了任务目标、建设管理意见等；成立了县农村幸福院建设工作指挥部，主要负责组织协调、督导考核等工作；明确乡镇政府在各负责村建设中的具体领导指挥任务、各县直单位的帮扶村和帮扶任务（相同值物品或现金）；颁布了《肥乡县农村幸福院建设和管理工作督导考评实施方案》，

---

① 张健. 农村老年人互助养老模式的实证研究［D］. 南京：南京农业大学，2017：19.

② 罗瑶. 农村互助养老幸福院模式研究——以株洲市 S 镇为例［D］. 长沙：湖南师范大学，2018：24.

明确督导考评时间、组织领导，外部环境、规定的硬件设施、生活设施、入住情况、运行情况、增分项等 6 个大项、17 个子项、106 个小项考评内容；同时，制定了《农村幸福院自助物品（县级）管理办法》，对资助物品（县级）的标准、申请程序、使用管理等内容做出了规定。[①]

基本上，肥乡县每个村都有农村幸福院专用场地，农村幸福院内张贴有各种制度和管理责任分配，在农村幸福院运行中实行院长负责制，一般是由村干部兼任（党支部或者村委会指定、委托一名享受补贴的成员代表村"两委"对农村幸福院实行管理）这种管理主要是整合运行所需要的资金、资源来保证其正常运行，不定期到幸福院来查看一下老年人的生活情况等，同时从住院老年人中推选一名常务副院长，负责幸福院具体工作的管理[②]，比如调解老年人间的矛盾纠纷，组织大家参加文体活动等。但是在调查的大部分农村幸福院内，大多是老年人自我管理，靠的是日常的相处习惯进行相处，没有固定的管理条例和管理人员。

农村幸福院的组织管理一般包括制度化管理方式和人性化管理方式两种类型。

1. 制度化管理方式

鉴于农村幸福院有类似机构养老的集中活动特征，来源于个体化家庭中的老年人的生活习惯等都有差异，幸福院共同体内公共秩序的形成与维护需要具有一定刚性的政策来管理约束。[③] 陕西省宝鸡市 D 村老年协会是该村幸福院日常管理的主体，负责搞好幸福院的日常管理服务工作，为了进一步规范管理，D 村先后制定了《老年协会工作制度》《幸福院活动室管理制度》《幸福院餐厅管理制度》等一系列规章制度。在具体负责方面，D 村的老年协会实行会长负责制，设置会长一名，副会长两名，协会

---

① .河北省肥乡县民政局.肥乡互助幸福院资料汇集［Z］.2012.

② 马昕.农村互助养老模式研究——以河北肥乡互助幸福院为例［D］.保定：河北大学，2014：15.

③ 张彩华.村庄互助养老幸福院模式研究：支持性社会结构的视角［D］.北京：中国农业大学，2017.

成员由经常参与幸福院活动的老年人组成，实行协会轮流值班制度，由协会主要成员在一周内，轮流值班负责幸福院重大活动的开展及突发事件的处置。并下设宣传组、生活组、文艺组、健身器材组和图书报刊管理组，具体分工如下：

宣传组：负责宣传《老年人权益保障法》及有关老年的法律知识，向入院老年人宣传幸福院有关规章制度。

生活组：协助幸福院做好就餐人员的有关服务工作、及时向幸福院灶师反映入院老年人对餐饮工作的意见和建议、负责餐厅卫生工作。

文艺组：负责为老年人搞好丰富多彩的文化娱乐活动、负责做好幸福院理发室和洗浴室的管理工作。

健身器材组：负责院内健身器材及文化器具，并进行定期检查、检修，同时负责老年人身体检查、联系等工作。

图书报刊管理组：负责图书室内图书的发放、登记、报刊管理及图书室的卫生，负责休息室的正常运转及卫生工作。①

可以看出，D村幸福院，分工明确，且D村有关幸福院的各项规章制度，均张贴在幸福院显著位置，村集体会定期对院内老年人进行宣讲，取得了良好的效果。

农村幸福院的组织管理规则不仅体现在入住以后，而且还体现在老年人入住农村幸福院之前。老年人入院前，本人及其赡养人（代表）需同村委会签订协议。协议规定：老年人空巢独居、年龄满60岁、具备生活自理能力、有入住意愿、能自觉遵守院内规定，由老年人和子女申请，村委会研究同意，获得入院资格。入住后，老年人实行自我管理，当生活不能自理时，由家属从院内接走治疗和护理。为保证入住程序和档案管理的规范，农村幸福院建立"三书、二卡、二账、一本"制度，即申请书、承诺审批书、入住协议书；老年人信息卡、健康登记卡；物资账、现金

---

① 常宇航. 农村幸福院可持续发展研究——以陕西省宝鸡市为例［D］. 西安：西北大学，2018：16-17.

账；院务活动记录本。① 院内所有老年人均须遵守内部规章制度，包括参与常规值日，如打扫院落、监督卫生情况等，从而实现自我管理和互助服务。

总体而言，农村幸福院的组织管理包括了前期的入住管理、中期的运行管理和后期的考核管理。

（1）入住管理。

一般来说，农村幸福院按照"群众自愿、进出自由"的原则，对有意入住幸福院的老年人严格按照申报程序审批。具体的流程包括以下几个方面。

第一，自愿申请。有入住意愿并符合条件的老年人，以书面形式向村委会提出入住申请，同时必须提供医疗机构出具的体检证明。村委会主动了解其入住意愿，主动向其讲解幸福院各方面的信息，确保幸福院入住信息传播到每一位符合条件的老年人。

第二，村级审核。村委会审核老年人入住资格、调查申请人是否有精神疾病或者传染病，查看幸福院住室是否有空缺，决定是否通过。

第三，二次审议。村委会审核通过并盖章后，上报到镇民政办。民政办进一步核实入住资格和幸福院容纳状况，审议是否通过。

第四，张榜公示。入住申请成功通过后，镇政府会以纸质形式张榜于镇政府的重要事务公告栏，接受群众监督，公示时间一周左右。

第五，签订协议。镇民政办审核张榜公示通过后，老年人获得入住幸福院资格，在经老年人同意后，村委会派专人代为办理入住程序。在入住前，还需签订"入住幸福院承诺书"。承诺书一式两份，镇民政办和村委会各保存一份。承诺书明确说明是本人自愿申请入住农村幸福院，并保证对本人自身安全及财产安全负责。同时，为使幸福院成为文明健康的生活场所，要求入住老年人树立主人翁精神，服从安排，讲文明、讲礼貌、讲道德，积极创造一个良好的入住环境，老年人必须遵守服从院长管理、不在宿舍内卧床吸烟、离开住所锁好门窗等规定。

---

① 张健. 农村老年人互助养老模式的实证研究［D］. 南京：南京农业大学，2017：25.

（2）运行管理。

以株洲市 S 镇农村幸福院为例，该幸福院的具体运行管理由村委会主导，成立院务管理委员会，确定 3 名院委会成员，其中包含 1～2 名村干部。院务管理委员会负责制定幸福院院务管理制度、财产和财务管理制度、食堂管理制度、卫生制度、安全管理制度、老年人守则等制度，并上墙公示。同时还需建立全村 60 岁以上老年人花名册、工作人员花名册，建立健全入院协议、开展活动计划、方案和记录等资料，目标做到制度健全、管理到位、档案资料完善。①

在幸福院的具体运行中，S 镇农村幸福院实行院长负责制。院长由村党支部书记兼任，依照国家政策、法律法规，接受镇民政办的领导，管理幸福院的全面工作，其他村委会成员协助院长展开工作。院长的主要岗位职责包括三个方面：一是制订幸福院年度管理计划，将幸福院入住监督、设施维护、卫生检查、安全巡视等管理任务按月包干分配到位，逐步抓好落实，并向镇民政办汇报。其中，幸福院的安全规范管理是村支书的重要工作职责，并纳入村支书年度工作目标之中。二是整合幸福院运行所需的资金与资源来保证其正常运行。三是不定期到幸福院走访，查看老年人的生活情况，发现问题及时解决。

（3）考核管理。

以株洲市 S 镇农村幸福院为例，S 镇对各村村委会及其幸福院进行考核与监督。考核实行分值制，从责任落实、政策宣传、物质保障、安全管理、生活管理、卫生管理和对外联络等七个方面进行检查。S 镇根据以上各村幸福院管理工作的月度、年度考核得分情况，列入村干部绩效工作考核。对年度农村幸福院管理工作排名全镇前三名的村委会给予一定奖励，对发生重大责任事故或因工作不力造成严重不良影响的，取消评先评优资格。②

---

① 罗瑶. 农村互助养老幸福院模式研究——以株洲市 S 镇为例［D］. 长沙：湖南师范大学，2018：26.

② 同上，27.

无规矩不成方圆。农村幸福院具有刚性的强制制度约束。一是为了形成共同体内的秩序，防止局面出现混乱，一个老年人对秩序的破坏可能会影响到公共场域内其他人的正常生活。二是对老年人在公共领域发生意外或纠纷时，农村幸福院可以免责。老年人入住农村幸福院前，一般应由老年人、子女与农村幸福院签署入住协议，协议中规定了老年人、子女及农村幸福院三方的责任和义务。其中一条规定：老年人在院期间，如不遵守本院制度，不服从管理的，院方有权责令其退出本院。如有突发病情或出现意外摔跌，均由老年人一方自己负责。随着政府对农村幸福院的关注及规范化发展要求的增多，农村幸福院根据日常运行中的经验和问题制定了包括安全守则、公物和财务管理、卫生管理等方面的制度。比如，不准擅自更换灯泡或连接电源，以防造成触电事故；不准打架斗殴，以防发生人为伤害；不准在床上躺着吸烟，不准私自生火，以防造成火灾等。

2. 人性化管理方式

一是营造良好敬老氛围。由于农村幸福院本身所具有的特征，就是一个半脱离的社会化养老场所，老年人并不是从原来的社会关系中完全脱离，相反，老年人的社会关系仍能得到基本的维系，这也是农村幸福院与机构养老的差别所在，因此，其不可能完全遵照机构养老的管理方式，特别注重通过好的氛围塑造去培养老年人之间和谐的风气。

一些农村幸福院的墙上挂有各种各样的名人格言，营造尊老敬老的良好氛围。一些农村幸福院还会组织院内的老年人开展义务劳动，如卫生打扫、义务维修等，把老年人组织起来开展各类活动可以增进老年人之间的情感，增加老年人之间的联系，有助于减少老年人之间由于缺少沟通和了解而造成的矛盾和纠纷。

二是塑造老年人卫生清洁习惯。通过塑造老年人良好的卫生清洁习惯来促使老年人养成维护公共秩序的自觉性。老年人自身的自觉和习惯的养成才是公共秩序维持的内核，良好的生活习惯和卫生习惯的养成是其中的重要方面。农村幸福院成为典型后，到院视察、调研的外界主体不断增多，每次检查前动员大家打扫卫生成为惯例。但是，农村幸福院有些老年人，特别是男性老年人以前在自己家的时候就形成了不良的卫生习惯，遇到调研视察这种情况，往往不愿意积极地打扫卫生。基于此，管理人员可以采取奖励的方式给卫生保持好的老年人发点生活用品作为奖励，以带动其他老年人。通过引导，不少老年人逐渐养成保持卫生整洁的习惯。

三是打造类"家庭"生活共同体。入住农村幸福院后，老年人在农村幸福院这一基于地缘关系的新"家庭"中的生活与在基于亲缘关系的自己家中的生活有一定差异，但是，农村幸福院建在村里，在与家庭保持联系上具有天然的优势，这也是农村幸福院模式较之于其他民办机构养老形式的一项优势；如何利用好这一优势使老年人在基于地缘关系的农村幸福院中享受具有亲缘性的"家庭"一样的生活，成为农村幸福院面临的难题。前屯村农村幸福院在日常管理中，通过柔性的管理政策，在不使农村幸福院老年人享受到的福利水平降低的条件下，一方面重视家庭参与互助养老，另一方面重视农村幸福院中拟家庭氛围的创造，让老年人在农村幸福院中的生活离家但是不离家庭。①

具体做法是，河北省肥乡县前屯村幸福院允许子女留下陪老年人住宿，体现了农村幸福院在条件允许的情况下对家庭参与互助养老的重视。村里有些独居老年人有在外地的子女，这些子女回家看望父母时通常会与老年人一起住。这些独居老年人搬进农村幸福院之后，有些子女（特别是女儿）从外地回来后表示想跟老年人在幸福院住一起。一方面是因为老年人原来住的家里长时间没人住，生火、取暖、做饭等都不方便；另一方面是因为子女长时间不能回来看望老年人，希望能够与老年人多点相处的时间。同时，老年人也愿意与子女更多地沟通和交流。前屯村幸福院允许老年人子女在老年人房间留宿，或者如果老年人的室友刚巧不在幸福院，老年人子女也可睡老年人室友的床铺。在农村幸福院这一公共环境中，老年

---

① 张彩华. 村庄互助养老幸福院模式研究：支持性社会结构的视角 [D]. 北京：中国农业大学，2017：94 – 95.

人子女的留宿不会减少其他老年人对农村幸福院资源的占有和使用，不使其他老年人在农村幸福院享受到的福利降低，在资源配置上仍可以达到帕累托最优，并且子女的留宿还能增进子女对老年人的情感慰藉和生活照料，一举多得，老年人的幸福感也得以有效提升。

前屯村幸福院在管理中也重视家和家庭氛围的营造。比如，农村幸福院建有厨房，原则上出于安全考虑不允许老年人在住宿的房间开火做饭，但有的老年人长期身体不好，不方便到外面厨房做饭，农村幸福院也允许老年人在房间里用电饭锅、电磁炉做饭，使这些基本自理的老年人在农村幸福院享受到类似家庭的日常生活，而不是将这种老年人排斥在外。此外，村里年满50岁的单身独居人群如果有意愿，也可申请入住农村幸福院，基于对农村幸福院年龄结构的考量及农村幸福院互助原则的考虑，年满50岁的单身独居人群的入住可以使农村幸福院在年龄结构上更像家庭，农村幸福院内的老年人之间有亲缘关系的不在少数。同时年轻人还能帮助年龄大的老年人，类似德国"多代居"的养老形式。

根据中国传统，节日是家人团聚的日子，许多在外地工作的子女只能在假期回家看望老人。当农村幸福院处于试运营阶段的时候，规定老年人必须回家过年，在家住五天，新年后再返回农村幸福院生活。后来，有的老年人觉得回家过年还需要自己打扫卫生、生火做饭等，也担心自己在收拾家务的时候发生意外，慢慢地有老年人愿意在农村幸福院过年。现在，很多老年人都选择留在农村幸福院过年，把农村幸福院当作自己新的家，其他家庭成员和亲戚也赶到农村幸福院给老年人拜年。[①] 这样一来，老年人既能农村幸福院中维持原有的生活方式，又能有效提高其自身的幸福感。

（五）农村幸福院的服务供给成效情况

一是解决了农村中留守老年人和空巢老年人的养老问题，为他们的衣

---

① 张彩华. 村庄互助养老幸福院模式研究：支持性社会结构的视角 [D]. 北京：中国农业大学，2017：95.

食住行以及医疗健康服务和精神慰藉提供了有力的保障。政府对于农村幸福院建设和运行补助，缓解了部分经济条件较差村的经济压力，对于社会主义和谐新农村的建设有很大的推动作用。

二是推进了农村人口向城市的转移进程，提高了农村居民的人均收入水平。农村幸福院的运行和农村人口向城市的转移两者之间起到了相互推动的作用，同时也加速了城乡一体化建设进程和促进了整个农村经济的发展。农村幸福院的运行在无形中也为当地老百姓提供了一些就业岗位，对整个农村就业压力的缓解和人民生活水平的提高起到了很大的推动作用。

三是优化了农村的现有资源配置，促进了农村闲置土地资源和养老资源的有效利用。农村幸福院的运行整合了农村闲置的房屋资源、土地资源和人力资源，使它们最大程度地发挥它们应有的作用。农村幸福院的推广以及规划建设大大改善了农村空巢老年人和留守老年人的生活水平和居住条件，缩短了城乡老年人生活水平之间的差距，推动了和谐社会的构建以及整个社会的公平。①

第三节　"互联网+"互助养老模式

进入21世纪后，我国社会老龄化程度逐步加深，所产生的问题也日益突出，养老问题成为现代社会发展面临的重要研究课题之一。而"互联网+"背景下传统的养老模式已经无法适应现代社会发展需求，因此以"互联网+"为基础的互助养老模式逐渐引起了社会各界的广泛关注与重视。通过运用信息化管理，可以科学、准确地对老年人的实际需求与供给

---

① 贾娜娜.农村互助养老模式运行问题研究——以山东省滨州市农村幸福院为例 [D].济南：山东师范大学，2020：29.

进行管理，这无论是对提升养老服务管理工作质量与效果，还是满足老年人生活需求都发挥着重要的作用。① 目前来说，"互联网＋"互助养老模式更多地存在于城市社区中。

一、"互联网＋"互助养老模式的定义

"互联网＋"互助养老模式是指将互联网及相关技术运用在互助养老模式中，利用互联网平台的聚集效应和规模效应，与智能终端通过大数据和云计算相连接，云、网、端形成合力，实现互助养老模式的数据化管理，在时间银行的激励和保障作用下，实现老年人与老年人、老年人与其他社会群体间各取所需和互惠互助，实现了互联网及相关技术与社区多样性互助的有机结合。

二、"互联网＋"在互助养老中的优势

（一）数据化管理

目前国内众多智慧养老社区已经实现了"上网"，但网络将各方所做的连接是不够的、不彻底的，这其中最缺乏的是数据化参与管理的程度。目前大多数智能终端均来自不同的设备供应商，终端积累的老年人数据无法进行数据共享，导致关联性较强的终端和终端之间、平台和终端之间无法协同工作，从而形成一个个的"数据孤岛"，无法综合全面地了解老年人的个性特征，从而也无法适应老年人日益增长的个性化需求。而将平台和终端以及终端和终端之间用统一的数据进行打通和连接，对老年人的个性化需求实现全面地、实时地探查，并且社区之间使用统一的结构化数据，将实现社区和社区之间的信息共享，从而打破地区限制，实现自由灵活的管理方式。

---

① 张蕊."互联网＋"背景下城乡互助养老模式的构建———评《"互联网＋"背景下智慧养老研究》［J］. 中国科技论文，2021（1）.

此外，互助养老的数据化管理还体现在对互助养老服务进行分类和分级，这样可以使不同难易程度和专业程度的服务形成不同的服务回报，从而实现自动化、精确化积累劳动所得。[①]

（二）均衡资源调配

从交易成本理论的角度，需求端和供给端在平台上同时发布，较大程度消除了信息不对称从而降低了交易成本。网络平台最大的优势是通过聚集效应和规模效应将供需双方进行高效匹配，市场化的调配有效地平衡了需求和供给。从雇佣模式来看，互助养老改变了传统的雇佣和被雇佣和全职就业的模式，碎片化和即时性的互助养老服务需求越来越旺盛，服务提供者的工作时间也越来越灵活。上述"平台型网络"的作用在于实现养老闲置资源盘活和供需之间的平衡。另外一种网络称为"垂直型网络"，通过智能终端提供实时的数据监测和分析，专门针对老年人健康问题和突发情况做出反应。[②]

（三）打造服务生态

社区互助养老已经从单一的老年人互助发展成为一个综合的互助价值链，互联网从串联养老服务需求接收服务请求—匹配服务供给—安全审核评估—提供服务请求—老年人享受互助养老服务—老年人网上评价—考核改进，到服务链升级为服务生态，智能设备提供的上游——供应商、政策的制定和监管方——政府及相关部门，服务的享受者——老年人、服务的提供者——志愿者均可纳入网络生态的管理范畴，不同的角色之间实现协同效应，有助于打造完整封闭的服务生态，从而更加完善社区互助养老模式，更好地服务于老年人。

---

① 索嘉岑．"互联网＋"城市社区互助养老模式研究［D］．杭州：杭州师范大学，2019：41.
② 王晶，郭冉．移动互联网的发展与老年生活变迁［J］．国家行政学院学报，2018（5）：164－169.

（四）建立安全保护和信用评级

老年人对互助养老模式的不认可的其中一个原因，是来自对该模式安全性的质疑。在互联网及相关技术的参与下，服务参与者的各项信息将被纳入信息化管理的数据库中，从而在注册入网时就可以将不符合要求的服务者拒之门外。之后在服务过程中，老年人可以知晓自己的服务者的基本信息，并且相关智能终端也可全面监控服务过程，从而对想要做出违规行为的服务者产生威慑，降低危险发生的概率并积累证据来应对未来可能发生的纠纷[①]。

三、"互联网＋"互助养老服务模式的构建

"互联网＋"互助养老服务模式的构建需要服务系统和硬件平台等技术支持。"互联网＋"依托于互联网信息技术与云计算平台，"互联网＋"互助养老服务模式要基于服务系统开展服务。在"互联网＋"互助养老服务系统构建过程中，首先应建立起社区养老信息平台，将所有老年人的身体健康情况、服务需求等信息归档，并且存储在不同类别的信息资源数据库中。同时，在各个社区养老信息平台之间，要建立起信息互联互通的通道，以实现对所有老年人信息情况的整合管理。在社区养老信息管理系统中，要下设养老机构、紧急求救、医生咨询、信息发布、风险监控等服务窗口，对不同服务需求进行分类管理。

在"互联网＋"互助养老服务系统的基础上，要搭建互助养老硬件平台。养老硬件平台能够实现家庭、社区与养老服务志愿者的联通，在家庭或老年人社区中，要提供相应的智能连接设备。政府及相关部门可以为老年群体提供手机、穿戴设备、智能电视等产品，将老年人的医疗卫生与其他服务需求上传至社区养老服务系统，从而为老年人提供灵活

---

① 索嘉岑."互联网＋"城市社区互助养老模式研究［D］.杭州：杭州师范大学，2019：41－42.

快捷的养老服务。老年人也可以利用多种智能穿戴设备，与养老服务志愿者、医护人员进行实时沟通交流。老年人可以利用手机或智能电视中的"呼叫功能"，提出相应的信息搜索、急救、订餐、医疗、心理疏导等服务需求。养老服务志愿者、医护人员可以根据不同群体的需求安排服务。"互联网＋"互助养老服务系统、互助养老硬件平台与志愿者协同配合，为老年群体提供精准服务。①

---

① 曹莹，苗志刚．"互联网＋"催生智慧互助养老新模式［J］．人民论坛，2018（8）：66－67．

第六章

典型案例：河南省洛阳市互助养老的发展现状

第一节　河南省互助养老的发展现状

为了获得较为全面的数据和资料，笔者通过运用问卷调查法和访谈法开展了历时两年多的三次实地调查，包括 2019 年 2 月和 2019 年 10 月两次问卷调查，主要调查对象是河南省内的农村居民，第一次问卷调查获得有效问卷 170 份，第二次问卷调查获得有效问卷 259 份。此外，在 2021 年 3 月份，还在河南省洛阳市开展了后续的实地调查。

2019 年 2 月份的调查对象总数为 170 人，其中男性 90 人，占总体比例为 52.9%。女性为 80 人，占总体比例为 47.1%。从年龄上来看，40 岁以下的人群占总体比例为 65.9%，而 40~50 岁之间的人群占总体比例为 26.5%，二者综合为 92.4%，位居总体的绝大多数。从地域分布来看，河南全省有 18 个地市，本次调查覆盖了除鹤壁、新乡、商丘和济源外的 14 个地市。

在河南省 14 个地市中，互助养老场所的分布不太均衡。农村互助养老场所仅存在于郑州、许昌、漯河、信阳、周口和驻马店，共有 16 人报告自己生活的地方或周边地域存在互助养老场所，仅占总体的比例为 9%。其中，周口有 9 人，这可能与周口的调查对象较多有关，从比例上来看，存在互助养老场所的地方很少。

河南省在 6 个地市的互助养老场所中，互助养老设施不太充足。农村互助养老场地设施主要包括休息、煮饭、健身和娱乐等设施。6 个地市的互助养老场所中均有休息设施，分别是郑州、许昌、漯河、信阳、周口和驻马店。除了许昌以外，其他 5 个市的互助养老场所均有煮饭设施和健身设施。至于娱乐设施，则只存在于信阳、周口和驻马店的互助养老场所中。

河南省不仅互助养老的设施不太充足，而且互助养老场所的容纳规模也较为有限。目前共有 16 处互助养老场所，其中三间房以下的有 2 所，三间房到五间房的为 5 所，六间房到八间房的是 3 所，九间房以上的为 6 所。以上场所最大容纳人数分别是 10 人、30 人、50 人及以上。按照最大容纳人数计算，16 处互助养老场所最多能容纳 570 名老年人。

从目前入住互助养老场所的老年人来看，入住老年人的年龄分布不均。进入农村互助养老场所的老年人在年龄上呈现出一定的分层，50～60 岁的老年人占比最少，为调查总体的 0.6%，61～70 岁的老年人占比为 5.9%，71～80 岁的老年人占比为 4.7%，81 岁以上老年人未入住互助养老场所。从年龄分布上来看，以 61～80 岁的老年人为主体，少数为 50～60 岁的老年人。

虽然存在着场所较少，设施不足等问题，但河南省农村民众对现有的农村互助养老效果的总体评价较好。认为互助养老效果非常好的人占总体的比例为 0.6%，认为比较好的占比为 5.3%，认为一般的占比为 2.9%，认为比较差的占比为 0.6%，而跳过该题不答者占比为 90.6%。这说明绝大多数人对互助养老模式并不了解，所以，也不知道互助养老的具体效果。就了解互助养老模式的人来说，认为比较差或非常好的人均占少数，给予其较好评价的比较多。

在对互助养老效果评价较好的同时，河南省农村民众对互助养老模式的认同度也较高。从互助养老观念认同度来看，调查对象中共有 127 人选择愿意采取互助养老的形式，占总体的比例为 74.7%。有 43 人表示不同意，占总体的比例为 25.3%（见表 6-1）。前者明显多于后者，说明互助养老模式的潜在接受者众多。

表6-1　　　　　当您老了之后，您愿意选择互助养老吗？

项目		频率	百分比	有效百分比	累积百分比
有效	愿意	127	74.7	74.7	74.7
	不愿意	43	25.3	25.3	100.0
	合计	170	100.0	100.0	—

具体而言，调查对象选择互助养老模式的理由（多项选择题）有以下几个方面：无人赡养，需要互相帮助的占总体比例为12.4%，能者多劳，也为将来做个储备占比为20.6%，不愿依赖子女的占比为45.3%，同龄人共同生活乐趣多占比为49.4%，其他选项占比5.9%（来源于调查数据）。从选择的情况来看，不愿依赖子女和同龄人共同生活乐趣多是民众选择概率较高的理由。

虽然多数农村民众较为认同互助养老模式，但是河南省农村民众对互助养老模式仍然存在着一定程度的担忧。虽然有不少人愿意选择互助养老模式，但是仍有一些人不同意采取互助养老模式进行养老。其理由主要有以下几个方面：互助养老不自由，发生矛盾拉不下脸占总体比例为28.2%（见表6-2），互助养老不贴心、不舒心，生活质量不高占比为21.8%（见表6-3）。同时，也有50%的人认为传统习俗就是居家养老、儿女尽孝，所以，他们选择家庭养老或居家养老的形式。

表6-2　　　　　为什么您觉得家庭养老优于互助养老？（互助养老
　　　　　　　　不自由，发生矛盾拉不下脸）

项目		频率	百分比	有效百分比	累积百分比
有效	未选中	122	71.8	71.8	71.8
	选中	48	28.2	28.2	100.0
	合计	170	100.0	100.0	—

表6-3　　为什么您觉得家庭养老优于互助养老？（认为互助
　　　　　养老不贴心，不舒心，生活质量不高）

	项目	频率	百分比	有效百分比	累积百分比
有效	未选中	133	78.2	78.2	78.2
	选中	37	21.8	21.8	100.0
	合计	170	100.0	100.0	—

从总体上来看，河南省农村民众倾向于接受幸福院互助养老模式。目前比较成熟的互助养老模式主要有三种类型，分别是时间银行模式、"互联网＋"互助养老模式和农村幸福院模式。从调查情况来看，幸福院模式较受民众欢迎，34.1%的调查对象认为该模式比较好。其次是时间银行模式，占比为19.4%。接着是睦邻养老模式，占比为17.6%。认为其他模式较好的为3.5%（见表6-4）。

表6-4　　　您认为怎样的互助养老形式比较好？

	项目	频率	百分比	有效百分比	累积百分比
有效	未填答	43	25.3	25.3	25.3
	时间银行模式	33	19.4	19.4	44.7
	"互联网＋"互助养老模式	30	17.6	17.6	62.4
	农村幸福院模式	58	34.1	34.1	96.5
	其他	6	3.5	3.5	100.0
	合计	170	100.0	100.0	—

结合后两次调查来看，河南省互助养老的总体发展状况主要表现为以下两个方面。

第一，农村互助养老场所的数量日益增多。

2019年2月调查数据显示，共有16人报告自己生活的地方或周边地域存在互助养老场所，占总体的比例为9%。与此相比，2019年10月的调查数据显示，生活的地方或周边地域有互助养老场所的调查对象占总体的比例为22.8%。这一显著差距充分表明农村互助养老场所的增长速度是比较快的，农村互助养老场所的数量在迅速增多。而根据2021年3月份的实地调查，中原地区的农村互助养老场所数量出现了飞跃式增长，大部分地区基本上达到了60%的比例，也就是说，近60%的行政村已经拥有了各种类型的互助养老场所。

从实地调查的情况来看，新建的农村互助养老场所很少，大多数是由村委会基于现有条件改造后增设的。农村互助养老场所大体上可以分为三类：第一类是互助养老场所的规模较大，设施比较齐全，可以为老年人提供多元化的养老服务，服务范围包括餐饮、住宿、医疗、娱乐等。第二类是互助养老场所规模适中，拥有厨房和娱乐等设施，能够为老年人提供餐饮、娱乐等服务。第三类是互助养老场所规模较小，设施较少，大多只能为老年人提供娱乐等服务。

从不同类型互助养老场所的占比来看，大部分互助养老场所为三类场所，三类场所的改造成本较低，村委会可以通过整合精准扶贫建设的成果和资源来降低互助养老场所的改造费用，其运行和维护的费用也比较低，这可能是农村互助养老场所在短时间内数量飞速增长的重要原因。

第二，农村老年人对互助养老的参与意愿逐步下降。

2019年2月的调查数据显示，近74.7%的农村老年人愿意将来参加互助养老。与此相对应，2019年10月份的调查数据则显著低于前者，愿意将来参加互助养老的人数仅占总体的46%。从2021年3月份的实地调查来看，大多数农村老年人仍偏好于家庭养老的传统养老模式，这些都显示出农村互助养老对农村老年人的吸引力在逐步降低。

从2019年2月份的调查数据来看，有三个主要原因在影响着农村老年人参与互助养老的意愿：第一，传统习俗的影响。50%的不愿意参加农村互助养老的老年人主要是受到传统习俗的影响，"养儿防老"的家庭养老模式仍在农村老年人心中占据着首要位置，其养老观点仍较为保守。第二，对互助养老的担心。约28%的老年人认为一旦加入互助养老就会让自己缺乏自由，行动容易受到限制，也容易与他人发生矛盾和冲突，可能会影响到乡亲们之间的团结与和谐度。第三，缺乏安全感。调查发现，大约有25%的老年人是由于对互助养老缺乏安全感而不愿意参加互助养老。

从实地调查的情况来看，老年人参与互助养老的意愿下降，除了以上传统习俗和主观层面的原因以外，还与农村互助养老场所的正常运转率有关。通过调查发现，很多农村互助养老场所缺乏管理人员和充裕的运转资金，导致相当多的农村互助养老场所处于关闭或间歇性运行的状态，这直接影响了农村老年人参与互助养老的意愿及其可能性。

第二节　洛阳市互助养老发展现状

洛阳市简称"洛"，别称洛邑、洛京，河南省地级市，洛阳市总面积15230平方千米，其中市区面积2229平方千米，地处河南省西部，东西长约179千米，南北宽约168千米。横跨黄河中下游南北两岸，东邻郑州市，西接三门峡市，北跨黄河与焦作市接壤，南与平顶山市、南阳市相连。洛阳市有5000多年文明史、4000多年城市史、1500多年建都史。洛阳是华夏文明的发祥地之一，丝绸之路的东方起点，隋唐大运河的中心，历史上先后有十三个王朝在洛阳建都。

依据洛阳市统计局有关洛阳市人口统计的相关数据表明，早在21世纪初洛阳市就已步入老龄化社会，且近十年来老龄化程度也在不断加深。2019年末洛阳市总人口717.02万人，比上年末增加3.35万人；年末常住人口692.22万人，比上年末增加3.37万人，其中市区人口230.95万人，比上年末增加6.02万人。年末城镇常住人口409.10万人，城镇化率为59.10%，比上年末提高1.53个百分点。全年出生人口7.98万人，出生率11.15‰；死亡人口4.62万人，死亡率6.46‰；自然变动净增人口

3.36 万人，自然增长率 4.69‰。

从洛阳市 65 岁及以上的老年人口规模占比来说，其人口老龄化进程也呈现出持续加快态势，从洛阳市政府的人口预测规划中，也可以看出洛阳市未来的人口老龄化形势依然严峻。并且受计划生育政策的影响，未来的老龄化压力会随着总抚养比的逐年攀升而更加突出，亟须发展多层次养老保障体系来满足老年人多元化的养老需求，其中，互助养老由于其自身具有的低成本优势而颇受洛阳市的关注，经过多年的扶持和发展，洛阳市逐渐形成了时间银行互助养老模式、农村幸福院互助养老模式和"互联网＋"互助养老模式上。

一、时间银行互助养老模式的发展状况

（一）洛阳市时间银行管理中心简介

洛阳市时间银行养老模式，是一种互助养老方式，志愿者将为老年人提供服务的时间存进时间银行，当自己年老需要时可提取时间兑换服务。养老服务时间银行具有以下特点：第一，公益性：本质是志愿服务，弘扬奉献、友爱、互助、进步的志愿精神；第二，互助性：人人都可参与服务存储时间，也可依规兑换他人服务；第三，激励性：低龄存时间，高龄取服务，让爱心传承，让温暖传递；第四，权威性：政府主导、通存通兑、权威统一，有必要的资源投入和保障；第五，持续性：模式成熟、操作方便、群众普遍欢迎，可广泛复制和推广。

（二）时间银行的组织管理状况

1. 洛阳市时间银行管理中心组织架构

洛阳市时间银行管理中心由洛阳市民政局牵头组建，总部设在洛阳市养老服务中心，其主要职能是管理时间，货币指导，全市时间银行按照"三个统一"（统一管理、统一标准、统一平台）要求，组织实施全市时

间银行规范化、标准化、信息化、法制化建设，实现全市通存通兑（具体流程见图 6 - 1）。

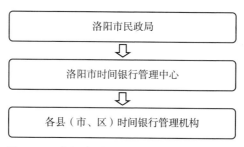

图 6 - 1　洛阳市时间银行管理中心组织架构

2. 洛阳市时间银行管理中心工作职责

洛阳市时间银行管理中心在市民政局的指导下主要履行以下职责（见表 6 - 5）。

表 6 - 5　　　　　　　洛阳市时间银行管理中心工作职责

序号	内容
1	管理全市时间银行运行系统
2	组织实施时间银行规范化、标准化、信息化、法制化建设，开展相关培训
3	指导全市时间银行开展志愿服务注册、服务存储、兑换等工作
4	评估监管时间银行运行绩效

3. 个体（团体）志愿者、网点注册流程

个体（团体）志愿者，首先需要在洛阳市时间银行管理中心进行实名注册，中心根据志愿者的年龄、文化背景、家庭结构等情况进行审核，审核通过后方可参加培训，由专门人员对其进行培训，培训合格后跟时间银行管理中心签订协议，志愿者被分到各个网点提供服务，并由后台进行监督，并且时间银行管理中心也会发布消息，进行志愿者招募（具体流程见图 6 - 2）。

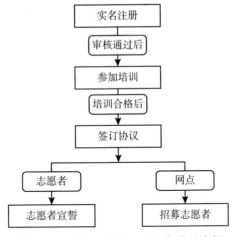

图6-2 个体（团体）志愿者注册流程

4. 服务对象注册流程

由需要他人为其提供帮助的服务对象，首先需要进行实名注册，注册后有相关人员进行上门指导并签订服务协议，服务协议的签订需要是本人或法定赡养人在知情情况下签字，然后机构会根据服务对象的需求派相关志愿者对其提供相应的服务（具体流程见图6-3）。

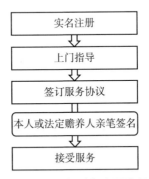

图6-3 服务对象注册流程

（三）时间银行的运转情况

洛阳市洛龙区天元社区最早于2011年9月推出了时间银行志愿服务

的模式。天元社区涵盖勤政苑、元华国际、长城花园、在水一方、泊林绿洲等 10 个商住小区，共有 100 多栋楼房，8000 余户居民，总人口达 20000 余人，其中困难户、残疾人家庭、空巢老年人就有 100 余户，是非常典型的由新型商住小区形成的社区。

时间银行的储户有各自的存折，存折封面是志愿者的标志，存折内注明了时间银行的制度和相关细则，服务内容有爱心家教、心理辅导、环境保护、社区巡逻、帮扶救助、家政服务、水电维修、文体辅导、医疗保健、维权服务等，对于储户的服务时间、内容、接受服务时间和被服务内容，都有详细的表格，相关信息简单明了。

天元社区时间银行创办后进展比较顺利，开办一年多来，就发展了千余名个人储户和几家单位储户。服务项目也从最早的爱心家教、社区巡逻、家政服务、水电维修、文体辅导等拓展到社区红娘、交换空间等更多方面。社区红娘服务的开展主要是源于居民的实际需求，"很多父母最操心的是儿女的终身大事，经常有人到社区办公室让帮忙留意有没有合适的单身青年。因此，时间银行专门组织志愿者成立了社区红娘队。而交换空间并不是央视节目中的房屋装修，而是居民之间开展的旧物交换或者爱心捐赠。"（访谈对象：社区工作者）由于很多储户没有时间直接参与志愿活动，但却有意将自己的旧物捐赠出来，因此，时间银行专门组织了一个"价格评估委员会"，对这些东西进行评估，等价交换，或者直接捐赠给需要的人，以此获得相应的时间币，"20 块钱等同于 1 个时间币"，从而把物品的价值也能够与时间等价起来，拓展了时间银行的业务范畴。

有一位洛阳热电厂的集控调度员，擅长于水电维修，加入天元社区的时间银行后就利用下班时间为社区居民提供免费维修服务。借助时间银行这个平台，他认识了很多社区的朋友，也为自己存储了 30 多个小时的"时间币"。有些储户储存的时间币比较多，甚至达到 300 个以上，最多的则超过了 800 个。2013 年起，时间银行开始对每年志愿者活动表现突出的集体和个人（明星储户）进行表彰，尤其是时间币在 300 个以上的储户，时间银行会进行集中的奖励以提高大家参与的积极性。2013 年，天元社区时间银行对 17 名年度明星储户进行了表彰，而2015年，则表彰了3个集体和18个个人储户。

除了利用时间银行开展社区内部的互助之外，时间银行还号召储户捐款捐物帮助更多的人。2021年7月，河南省郑州市等多个地市发生了历史上罕见的洪涝灾害。为支持全省抗洪救灾，响应上级号召，帮助受灾群众渡过难关，洛阳市洛龙区开元路街道天元社区迅速行动，利用时间银行，第一时间号召辖区党员干部积极捐款捐物，用实际行动支援抗洪救灾。2021年7月26日一早，辖区党员志愿者、居民以及社区工作人员早早来到洛龙区的捐赠点，将筹集到的一车满载爱心的物资搬运到指定物流车上，送往巩义灾区指挥部，用于支援当地群众。而在元华国际小区时间银行捐赠现场，业主们也纷纷献出爱心，其中市实验小学一名11岁的小学生捐出自己的零花钱，而且自愿留下来当"小会计"统计捐助金额和物资。总体上而言，时间银行采取"时间储蓄"的方式，让居民自愿参与到社区公益活动中来，激励居民积累"道德资产"，营造出了"互惠互助、邻里真情"的良好社区氛围。

虽然时间银行取得了一定的成效，但在运转的过程中也凸显出了一些问题，比如时间核算困难问题，时间银行不能像真正的银行一样把服务时间精确到分钟。一方面，因为缺乏足够的人手，难以及时统计所有志愿者的服务时间，也很难精确统计志愿者的服务时长；另一方面，志愿者出于传统观念而不愿意留下记录，认为做好事不应该留名，故意隐瞒自己的姓名等信息，导致时间记录档案出现了遗漏。

此外，由于相关法律法规的不健全，导致部分志愿者的合法权益难以得到保障，尤其是意外风险的保障能力。虽然是志愿服务，但由于服务对象差异化很大，既包括儿童，也包括老年人，因此，很难避免服务过程中出现意外事故的情况。如接受志愿服务的老年人突发疾病难以救治的问题，其后果是志愿者所不能独自承受的，志愿者也很难澄清自己的责任，让自己免除被追责的风险。

另外，时间银行的服务也呈现出零散性和随机性的特点，缺乏长效性和固定的载体，这也制约着这个新生事物的成长。如果有一个养老服务的平台能够与时间银行结合起来，实现资源的共享，比如每星期有固定人员值班、定时给老年人提供读书、陪护、体检、看病等服务，时间银行的作用将得到更充分的施展。而洛阳市本土的养老品牌"乐养居"就是这样的养老平台。2019年10月，洛阳市面向社会公开征集养老服务品牌名称和标识，确定以"乐养居"作为全市社区养老服务的品牌。洛阳市民政局有关负责人介绍，为规范"乐养居"建设标准，洛阳市出台了"乐养居"社区养老服务中心建设工作实施方案，提出"名称标识统一、建设规范统一、购买服务统一、服务标准统一、考核评定统一"的"五统一"标准，充分融合社区养老服务设施的日间照料功能和嵌入式养老机构的短期托养功能，在全市范围内科学选址，大力推进"乐养居"建设。2020年以来，洛阳市新建、改扩建"乐养居"151个，"乐养居"设有活动室、按摩室、保健区、休息区、就餐区等，同时配备工作人员和社区医生等为老年人们提供休闲、健康、助餐等服务，让老年人老有所养、老有所乐，成为社区老年人们的"幸福驿站"。同年，根据《老年人权益保障法》、民政部《社区老年人日间照料建设标准》、河南省民政厅《社区居家养老服务规范》及《洛阳市"乐养居"社区养老服务中心建设工作实施方案》的相关规定，洛阳市民政局对"乐养居"进行了等级评定。截至2020年底，洛阳市"乐养居"由低到高分为五个等级：A、AA、AAA、AAAA、AAAAA。评定采取自愿申请的原则，获得等级评定的"乐养居"有61个，其中AAA级10个、AA级22个、A级29个。

2021年初，"乐养居"的养老服务由"四助一护"（助餐、助浴、助洁、助医和巡护）提升为"十助二护"（助餐、助浴、助洁、助医、助急、助行、助乐、助购、助聊、助学和护理、巡护），以满足老年人各种养老需求。"老年大学"与"老年剧场"两大功能区提供"助乐、助聊、助学"三助服务，进一步丰富老年人精神文化生活。

虽然借助"乐养居"平台，时间银行的作用得到了更大的发挥，但时间银行的发展仍然受到一些因素的制约。如价值兑换问题，"老年人存的时间兑换成什么没有一个标准体系，是时间换时间，还是时间换成金钱，并且兑换的价值是否等价，如何计量物、时间和金钱等，这些都无法衡量

（访谈对象：洛阳市大爱养老服务有限公司负责人）"。

此外，时间银行的平台建设也是一个很大的制约因素，虽然在洛阳市民政局的指导下，成立了时间银行的管理平台，构建了时间银行的管理建构和运行机制，也与洛阳市大爱养老服务有限公司达成了合作，由洛阳市大爱养老服务有限公司负责时间银行管理平台的运营。但时间银行的平台建设与运营并不是一蹴而就的事情，还有很多细节性的东西难以在短时间内得到解决。如"时间银行平台建设问题，因为一百种服务就可以有一百种兑换的方法，如何把若干东西汇总到一个统一的平台，如何对其进行监管和计量也是一个大问题（访谈对象：洛阳市大爱养老服务有限公司负责人）"。

目前，洛阳市大爱养老服务有限公司正在探索时间银行储存的时间兑换商品和金钱的标准，但也存在着很多的困难。"我们会为每户办一张卡，卡只是一种身份象征，每张卡都会对接许多商家，基础照顾的时间可以用于买东西、医疗打折，并且仅限于可以计量的东西，老百姓拿着这张卡去消费时可以打折，并且这张卡不充钱，不是用于消费的，无法提现。目前还处于探索期，只有关于卡的概念，卡只是链接商家的纽带，具体的还未实行。"（访谈对象：洛阳市大爱养老服务有限公司负责人）

最后，资金的投入不足也是制约时间银行发展的·个关键性因素。虽然政府倡导和扶持时间银行的发展，但并没有对时间银行的建设和运营投入大量的资金，主要建设和运营依托于洛阳市大爱养老服务有限公司。"最后是成本问题，我们的时间银行概念其实是借鉴我国香港、新加坡等地的时间存储概念，在我国还不成熟，并且目前我们设想的高度难以实现，要投入多少钱才能建成一个理想中的平台，这些都是无法估计的。"（访谈对象：洛阳市大爱养老服务有限公司负责人）

二、洛阳市农村幸福院模式的发展现状

（一）洛阳市农村幸福院建设的基本概况

根据财政部、民政部《中央专项彩票公益金支持农村幸福院项目管理

办法》精神，洛阳市按照"四室一橱一厅一所一场"（即有休息室、阅览室、娱乐室、储藏室、厨房、餐厅、厕所以及老年文化健身活动广场等）标准筹建农村老年幸福院，以行政村和较大的自然村为基点，依托村民自治和集体经济，积极探索农村互助养老模式。

自从 2013 年至今，洛阳市大力发展农村养老服务体系，致力于构建"县级有政府示范性养老机构、乡镇有敬老院、行政村有老年幸福院"的金字塔型网络架构。目前洛阳市建成县级政府示范性养老机构 7 个，乡镇敬老院 134 所，农村幸福院 1532 个，农村幸福院覆盖全市 62% 的行政村，农村养老服务体系初步形成。

2020 年 10 月洛阳市民政局委托第三方对洛阳市 301 家农村幸福院进行评估，其中能够正常运营的共计 247 家，占总体比例的 82%，不能正常运营的共计 54 家，占总体比例的 18%。规定服务项目开展情况统计：规定项目开展符合要求的占总体比例的 65%；规定项目开展部分符合要求的占总体比例的 4%；规定项目开展不符合要求的占总体比例的 25%；规定项目开展为无的占总体比例的 6%（见图 6 - 4）。

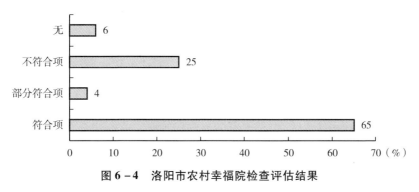

图 6 - 4　洛阳市农村幸福院检查评估结果

注：符合项主要体现在机构设立、用房面积、功能设置等方面；部分符合项主要表现在无障碍坡道是否设立；不符合项主要表现在内部管理方面。

整体来看，洛阳市农村幸福院基础建设、设施设备的配备情况良好，农村幸福院里的健身器材，包括幸福院及里面的各种家具、床位等都是民政部出资配备的。农村幸福院是日间活动场所，有基本的健身器材，还有娱乐设施，大部分农村幸福院都不提供住宿。多数具备运营条件，但实际运营情况尚待改善，具体包括以下几个方面。

1. 建设运营情况

洛阳市民政局先后出台了《洛阳市民政局关于印发加快农村老年幸福院建设指导意见的通知》和《洛阳市民政局关于加快推进农村老年幸福院建设的通知》，鼓励各地按照"公办民营、民办公助"的原则，采取政府购买服务、合同外包、委托运营等多种形式兴建农村幸福院，引导民间资本品牌运营、统一管理，不断创新发展模式，提高服务水平。2016 年，洛阳市委市政府将新建 800 个农村老年幸福院列入市委、市政府 9 大体系 60 个重大专项内容进行强力推进。洛阳市民政局按照 2017～2020 年每年新建 200 个农村老年幸福院的目标任务，持续推进农村老年幸福院建设，不断完善农村养老服务设施，满足农村老年人居家养老服务需求。

2. 监督管理情况

洛阳市民政局连续两年将农村幸福院建设列入各县（市）民政重点工作进行考核，印发了《关于进一步加强农村老年幸福院运营管理工作的通知》，要求各县（市、区）将农村幸福院建设工作列入本级年度考核指标，建立目标责任制，确保如期完成建设任务。同时加强对各类资助资金的监管，做到不挤占、不挪用、不流失，为农村幸福院健康持续运营提供保障。

3. 财政投入情况

2013～2015 年，积极组织各县（市、区）申报争取中央专项彩票公益金支持农村幸福院项目，共争取到中央补助项目 460 个，争取补助资金 1380 万元。2016 年、2017 年，在中央停止资金支持的情况下，由市财政安排资金对新建农村幸福院进行了补助，确保农村幸福院建设工作有序推进。

4. 服务内容情况

根据农村幸福院位置和现有功能设施，洛阳市将幸福院分为示范型、标准型、普通型三类，每个类别的服务内容都有所不同。

（1）示范型：与村党群服务中心分开建设，具有为到老年幸福院娱乐的老年人提供午间休息、就餐、娱乐等需求的功能和设施，设有卧室、厨房、餐厅、文体娱乐活动室等。有独立活动场地、配有健身器材；制度健全，管理规范，运营有序。主要开展日间照料、文化娱乐、志愿服务、心理疏导、健康管理、养生保健、物品代购等服务，设有专职管理人员1名，服务人员2名或2名以上，每月全村老年人参与率达80%（指常住老年人）以上，老年人满意率90%以上。

（2）标准型：与村党群服务中心分开建设，具有为到幸福院活动老年人提供休息、娱乐等需求的功能和设施，设有文体娱乐活动室、休息室。有独立活动场地、配有健身器材；制度健全，管理规范。主要开展文化娱乐、养生保健、志愿服务等基础服务，设有专职管理人员1名，服务人员1名，每月全村老年人参与率达70%（指常住老年人）以上，老年人满意率80%以上。

（3）普通型：利用村闲置房间改建的幸福院或在村部新建的幸福院，只能为老年人提供文化娱乐场所，具备满足老年人文化、娱乐需求的功能设施，设有文化娱乐活动室；制度健全，管理规范。主要开展文化娱乐、志愿服务等基础服务，设有专职管理人员1名，每月全村老年人参与率达60%（指常住老年人）以上，老年人满意率80%以上。

5. 组织管理情况

洛阳市政府通过加强组织领导、明确部门职责、强化督导检查和严格考核管理构建出了农村幸福院的市—县—乡—村四级管理机制，具体如下：

（1）加强组织领导。为加强对农村幸福院管理服务工作的组织领导，在市民政局的指导下，各县政府成立了由县政府副县长任组长，县民政局局长任副组长，财政、国土、电力、住建、人劳、卫生、残联等部门负责人和各乡（镇）主要负责同志为成员的农村幸福院管理服务工作领导小组，领导小组下设办公室，办公室设在民政局，民政局主管养老服务工作的副局长任办公室主任，负责对全县农村幸福院管理服务的组织、领导、协调和督导。各乡（镇）也要成立相应的机构，负责对本乡（镇）农村幸福院管理服务的组织协调和落实。

（2）明确部门职责。为保证幸福院健康、有序运营，各部门要认真履行职责：人劳部门将有关农村幸福院工作人员纳入公益性岗位，示范型由县人劳局负责安排，标准型和普通型由所在地乡（镇）政府负责安排。财政部门做好幸福院各类资金监管，确保专款专用、安全使用；民政部门做好幸福院管理服务指导；各乡（镇）对农村幸福院安全管理和运营服务工作落实属地责任，把农村幸福院安全管理和运营服务工作列入对各村的年度目标考核，确保农村幸福院发挥服务作用。

（3）强化督导检查。县政府督查室和相关部门对此项工作进行督导检查，定期通报各乡（镇）进展情况，并将农村幸福院运营管理服务纳入各县"三治并进"工作和各乡（镇）年度工作目标考核内容，对完不成任务的将予以通报批评。

（4）严格考核管理。为规范各县农村幸福院运行管理，提升农村老年人的生活质量和幸福指数，促进农村养老事业健康发展，洛阳市民政局对农村幸福院实行"一星级、二星级、三星级"二个层次等级考核管理。农村幸福院考核由县级民政局实施，主要采取听汇报、查资料、座谈走访、实地查看等方法，对照农村幸福院考核项目评分标准进行考评。等级划分根据平时考核和年终考核综合得分确定，综合得分平时考核占70%，年终考核占30%。综合得分85分以上（含85分）为三星级幸福院，70分至85分之间（含70分）为二星级幸福院，60分至70分（含60分）为一星级幸福院。农村幸福院星级考核结果与农村幸福院运行经费挂钩，同时将每次考核结果全县排序，以书面形式通报乡（镇）主要领导。三星级农村幸福院一次性给予8000元运行经费补贴；二星级农村幸福院一次性给予3000元运行经费补贴；一星级农村幸福院一次性给予1000元运行经费补贴。

在四级管理机制的支持下，洛阳市农村幸福院形成了相对成熟的组织架构体系，为农村幸福院的正常运营提供了有力的组织支持，其组织架构如下：

一是村级主办。农村幸福院定位在农村社区和行政村，建设和管理主体为村委会，村党支部书记或村委会主任为第一责任人。农村幸福院建设和管理应广泛征求群众意见，最终老年人意愿，管理方式应符合村民自治和村务公开要求。

二是政府支持。在实行村民自治、民主管理的前提下，市、县（市、区）、乡镇（街道）三级政府应给予资金支持，制定优惠政策，提供公共服务，组织开展培训，进行管理服务指导等。

三是社会参与。鼓励爱心人士通过捐赠等形式，支持农村幸福院的建设、运营和管理；支持社会组织、社会力量及志愿者自愿参与农村幸福院的建设和管理，把农村幸福院建设成汇聚爱心的纽带，传递亲情的桥梁。

四是协会组织。充分发挥农村老年协会在化解社会矛盾、维护老年人权益、开展文体活动、参与社会发展、促进农村社会和谐稳定等方面的作用。帮扶协会积极参与管理，使政府的行政推动与民间的养老需求形成良性互动，促进农村养老服务工作健康发展。

五是自主互助。坚持"自我管理、自我服务、互帮互助、共建共享"的理念，坚持自主参与、自愿搭伙、彼此协助、共同生活。

6. 制度规范情况

洛阳市民政局非常重视农村幸福院自身的规章制度建设情况，指导各地农村幸福院制定了较为完备的内部管理制度，形成了内容相对丰富、架构比较完整的管理制度体系，包括各种活动和设施使用的管理制度等，如洛阳市汝阳县小寺村农村幸福院还制定了图书阅览室管理制度、文化器材管理制度和文化活动室管理制度等（见表6-6～表6-8）。

表 6 – 6　　　　　　　　　　图书阅览室管理制度

图书阅览室管理制度	（1）图书阅览室是为满足农民文化需要，在行政村建立的、农民自己管理的、能提供农民实用的书报刊和音响电子产品阅读视听条件的公益性文化服务设施
	（2）图书阅览室服务对象为全体村民
	（3）图书阅览室的出版物、书架、桌椅、放映设备等均为公共财产，敬请爱护
	（4）图书阅览室须在屋外悬挂统一格式的标牌，在屋内醒目地方张挂各种规章管理制度
	（5）图书阅览室安排专人管理，接受全体村民监督。书屋管理人员要认真做好出版物的登记、分类、编目以及上架工作
	（6）图书阅览室每周开放时间不得少于五天，具体开放时间应在书屋明显位置向村民公告
	（7）村民借阅出版物应遵守书屋相关的借阅制度，图书阅览室不得收取任何费用
	（8）在图书阅览室内应保持安静，环境整洁，秩序良好
	（9）及时做好书屋防潮、防尘、防蛀、防火及搞好卫生等工作

表 6 – 7　　洛阳市小寺村农村幸福院文化器材管理制度、文化活动室管理制度

文化器材管理制度	（1）文化器材由专人保管，要有专门的器材室
	（2）文化器材要分类登记造册，摆放整齐合理，便于使用，室内注意通风、干燥、卫生，防止霉烂，要有安全措施，防损防盗
	（3）文化器材如有不正当损坏，照价赔偿，并追究责任
	（4）文化活动结束后，及时把服装、道具和活动器材整放好
	（5）借用器材应清点好类别和数量，使用完毕立即归还，损坏由借用人负责赔偿
	（6）借用的文化器材不得超过一周，使用后应立即归还
	（7）管理员要做到，不管是任何人把文体器材有意还是无意地弄坏，要立即向村委领导反映情况，不得隐瞒，否则，责任自负
文化活动室管理制度	（1）文化活动室由村委会指定专人负责日常管理，其职责主要是按规定时间开关门，保持室内清洁卫生，维护、维修活动器材设备
	（2）文化活动室的开放时间为：每个工作日的 8：30～12：00，14：30～18：00，节假日全天开放。活动人员必须遵守开放时间，不得随意要求提前或延长，特殊情况另行安排
	（3）凡来文化活动室参加活动者须自觉遵守活动室制度。要讲究文明礼貌，禁止大声喧哗，保持室内安静。注意公共卫生，不得吸烟，不随地吐痰，不乱丢果皮纸屑
	（4）活动人员请按照器材使用规则安全使用，爱护室内各种文化活动器材，如果人为损坏，照价赔偿
	（5）活动室内的活动器材不得私自带出，也不向外借用
	（6）活动结束后将活动器材归放原位，关闭门窗、电源
	（7）不断改善活动室的管理服务工作，活动者要积极配合工作人员搞好管理工作，并欢迎提出批评和建议

表6－8　　　　　　洛阳市汝阳县小寺村农村幸福院厨房管理制度

厨房管理制度	（1）厨房的厨具和公用物品，制定人员负责保管，进出物品要登记
	（2）做好卫生和消毒工作，保持食堂内清洁卫生，做好防蝇、防鼠、防霉变、防毒工作，预防传染病
	（3）加强安全防范意识、禁止无关人员进入厨房，防止意外事故发生
	（4）炊具、厨具、食具要及时清洗保持干净、整洁
	（5）爱护公物，勤俭节约

7. 建设成效情况

以洛阳市汝阳县为例，2017年、2018年，汝阳县委县政府通过整合扶贫资金投入1048.045万元，按每个老年幸福院面积不低于200平方米和建有娱乐活动室、休息室、厨房、餐厅、卫生间等六项标准，新建36个老年幸福院，目前全部建成投用。5年来，全县共建农村老年幸福院113个，其中新建68个，改建45个，占全县行政村总数54.8%，受益老年人4.2万。

2017年汝阳县通过政府购买服务形式引入上海贴心养老服务有限公司，试点参与幸福院运行管理。通过招标政府为7个试点村每位老年人投入120元，共投资50万元购买社会力量为老年人提供服务，中标公司利用幸福院空余房子，为试点村老年人提供信息平台、医嫂上门、基础理疗、便民、养生科普保健、吃药就医提醒、老年生活购物、生日节日关怀等九项居家养老服务。2018年政府购买养老服务试点村又增加到10个，2019年继续加大政府购买服务力度，居家养老服务覆盖全县14个乡镇，建立居家养老服务站点30个，服务老年人1.2万人。

对于汝阳县购买第三方管理农村幸福院试点的服务评价，试点村老年人对开展此项服务非常满意，取得较好的社会效益，这样既解决了农村幸福院运营问题，又保证了老年人养老问题，使老年人在村里就能享受到机构养老的专业服务。"得劲，得劲嘞很。平时烧水、烧电一毛钱也不掏，享福透了，政府的政策真的好，照顾得也好。原来院里有闲地，支书给俺

们一人划了一部分地种菜，管种菜，可美。"（访谈对象：汝阳县东堡村农村幸福院大娘）

（二）洛阳市农村幸福院发展过程中面临的困境

1. 资金不充足的困境

建设经费方面：按照财政部、民政部《中央专项彩票公益金支持农村幸福院项目管理办法》规定，2013～2015年中央彩票公益金支持农村老年幸福院建设。在中央彩票公益金停止建设补助后，省、市、县两级均无专项经费用于支持其持续发展。2017年，洛阳市采取市、县两级按相同比例投入资金用于继续推动建设，但部分县（市）财政困难，建设配套资金至今难以落实。运营经费方面：国家将农村幸福院定性为互助性养老服务设施，中央和地方无相关运营经费支持，而洛阳市大部分行政村集体经济薄弱，农村老年人收入来源单一，在缺乏政策性资金支持的情况下，单纯依靠村集体和老年人互助式投入难以维持其良性运营发展，造成不同村庄之间幸福院运营状况差异日益显著，经济条件好，资金相对充裕的村幸福院运营较好，而经济条件差的村无法保证其正常运转。

2. 服务功能弱化的困境

依据国家和省有关文件精神，农村幸福院是由村民委员会进行管理，为农村老年人提供就餐服务、文化娱乐等日间照料服务的公益性活动场所，属互助性养老服务设施。由于多数农村幸福院是利用村室、闲置校舍等场所进行整合或改建而成，主体建筑无相关建筑、消防等手续，存在安全隐患，达不到《养老机构设立许可办法》规定的入住标准，故市民政局要求农村幸福院夜间不允许留住老年人，仅向老年人提供日间照料服务，养老服务功能弱化。

3. 地位不突出的困境

由于农村幸福院属于属互助性养老服务设施，不具备收养老年人的资质，能够提供的养老服务有限。同时，幸福院主体建筑无相关的规划、建设、消防等手续，存在不同程度的安全隐患，老年人日间在院内活动难免发生意外。但目前又没有针对农村幸福院的法律法规，相关责任划分、后果承担并不明确，安全责任风险的存在一定程度上打击了村集体推行农村幸福院的积极性。服务功能有限、安全隐患较大、建设运营积极性不高等，导致幸福院在农村养老服务体系中的地位不突出。

4. 管理人员不足的困境

按照《中央专项彩票公益金支持农村幸福院项目管理办法》规定，农村幸福院由村民委员会主办和管理，但从运营状况来看，多数村委会"重建轻管"，未明确安排专职人员负责，常态化管理服务水平较低，日常运转主要依赖老年人之间的互助服务，加上老年人缺乏专业的照护及精神慰藉知识，仅能提供简单的餐饮和娱乐功能，难以吸引老年人持续参与，以至于部分农村幸福院出现关门现象。

5. 法律保障不健全的困境

多数农村老年幸福院是利用村室、闲置校舍、文化大院等场所进行资源整合或改建而成，主体建筑无相关的规划、建设、消防等手续，存在不同程度的安全隐患，老年人日间在院内活动难免发生意外，但目前又没有针对农村幸福院的法律法规，相关责任划分、后果承担并不明确，安全责任风险的存在一定程度上打击了村集体推行农村幸福院的积极性。

此外，还存在着标牌标识不规范的问题，未按照《洛阳市民政局关于印发加快农村老年幸福院建设指导意见的通知》规定的农村幸福院标牌样式和悬挂要求进行悬挂公示。部分功能室未设置标牌标识，或标识牌未固定随意摆放。还有服务场地设置不合理的问题：一是阅览室与党群服务中心的党建书屋共用，距离幸福院其余功能室较远；二是农村幸福院功能室设在二楼，影响老年人使用；三是部分幸福院的休息室、娱乐室、厨房、餐厅等功能室重叠，活动空间不足；四是农村幸福院选址不当问题，部分幸福院设在村头或新建的村委会，距离老年人集中居住地较远。

三、"互联网＋"互助养老模式的发展状况

洛阳市"互联网＋"互助养老模式主要依托洛阳市智慧养老服务平台

开展相关活动，"互联网＋"互助养老服务是洛阳市智慧养老服务平台的一部分功能，为此，需要介绍一下洛阳市智慧养老服务平台的基本情况。

（一）洛阳市智慧养老服务平台基本情况

为贯彻国家信息化发展战略，顺应"互联网＋"养老趋势，满足老年人多层次、多样化养老需求，提升洛阳市养老服务效率和质量，2020 年 7 月，洛阳市建立了智慧养老服务平台，并与涧西、西工、老城、瀍河、洛龙 5 个主城区平台信息互联互通、资源共享，已于 2021 年实现全市 18 个县（区）平台全部建成和互联互通、资源共享。

洛阳市智慧养老服务平台的建设的方案由洛阳市民政局规划，并多次邀请发改、财政、大数据、高校等专家进行论证，充分做到"四个考虑"。

一是充分考虑避免重复建设。突出市级监管、县区级服务。考虑到涧西、洛龙和西工三个城市区已经建成区级智慧养老信息平台，为避免已建成的三个城市区智慧养老信息平台重复建设，洛阳市智慧养老服务平台分为市级和县区级两个部分分批建设。已建成的涧西、洛龙和西工三个城市区智慧养老信息平台与市级智慧养老平台进行数据接口对接。

二是充分考虑数据互联互通。平台部署在洛阳市政务云服务器，突出养老大数据资源共享。全市统一计划，统一步伐，更好地满足互联互通，实现养老数据资源的互联互通、资源共享、标准统一，同时实现对内部政府数据和外部社会数据的分析挖掘，对内对外提供数据服务。

三是充分考虑资金充分利用。洛阳市智慧养老服务平台共投入资金约 569 万元，其中软件系统开发及应用约 269 万元，人员运营费用每年 60 万元，硬件设施设备投入约 120 万元。

四是充分考虑按照计划实施。根据《洛阳市申报智慧养老服务平台建设试点报告》，有计划、分步骤、分阶段实施。

目前，"互联网＋"智慧养老的发展共分三个阶段：第一阶段是在全市推广智慧库的服务，运用高质量的监管平台进行监管。第二阶段是能够给老年人提供一些智慧化的服务，包括家庭养老床位、适老化改造等，这些跟智能化有关系，可以接入到智慧平台上，通过洛阳养老公众号、乐养居智能服务终端都是可以进行查询的，通过身份证就可以查询整个洛阳市乐养居的分布、使用情况、机构的介绍、图片等信息。第三阶段是把乐养居的服务端达到全市覆盖，互联互通，做成像美团、滴滴打车那样的智能化服务，如果老年人有需求，他可以通过手机自行或电话发出申请并通过网络的及时反馈获得相应的服务。

（二）"互联网＋"智慧养老的硬件设施

洛阳市智慧养老服务平台依托洛阳市养老服务中心建立，打造智慧养老场景应用，中心设有养老服务信息平台、一站式养老服务中心、养老服务时间银行管理中心、失能失智照护实训中心、老年人照护实训中心、家庭养老实训室、医养结合服务实训室、养老护理技能实训室、心理实训室、独居安防实训室、消防安防实训室、"互联网＋N"养老实训室、远程健康实训室、信息化实训室、12349平台运营管理中心、直播间等功能室，直观呈现信息技术与养老服务的融合发展，推动智慧互助养老产品和服务落地。近期，洛阳市智慧养老服务中心将与多家医疗器械、康复辅具企业洽谈入驻。

（三）"互联网＋"智慧养老的组织管理情况

洛阳市养老服务中心是由洛阳市民政局为主导，通过投标形式对其进行管理。洛阳市养老服务中心于2020年7月开始建设，11月建成投入使用，由南京索酷信息科技股份有限公司承接建设的洛阳市智慧养老信息服务平台，自投入运营以来，为洛阳市提供多方位综合性的养老服务信息，初步实现了养老服务信息的信息化、便捷化、精准化，发挥了信息技术对养老服务业的提质增效以及监管作用。目前，南京索酷信息科技股份有限公司正在建设洛阳市各县区民政局智慧养老信息服务平台，最终将实现数据互联互通、资源共享、综合监管全覆盖。

洛阳市通过建立养老机构智慧监管系统，引入信息化技术和社会力量通过视频监控、大数据分析等方式，找出风险隐患点，推进养老机构安全隐患排查整改，促进全市养老机构安全教育培训常态化、安全服务设施标准化，不断提升服务对象幸福指数。

此外，县（区）级智慧养老服务平台预计于 2022 年 6 月建成，建成后可为全市老年人提供家庭智能照护服务、家庭适老化改造服务、乐养居社区互助养老服务和乐养居居家上门服务；建成智慧养老院系统，为养老场所提供智能化服务；建成互助养老服务共享平台，为老年人提供"互联网＋日间照料""互联网＋代购配送"等智慧互助养老服务。同时，市级积极支持各县（市、区）积极申报县（区）级互助养老信息平台的试点工作，在服务端上，因地制宜、不断创新，进行拓展服务项目、丰富服务内容，使智慧互助养老更加"接地气"。

（四）"互联网＋"智慧互助养老的服务内容

洛阳市养老服务信息平台是集养老大数据、综合监管和养老服务"三位一体"的"互联网＋"信息管理服务平台，服务内容主要包括养老大数据、综合监管和养老服务三个部分。

1. 养老大数据

该部分汇聚了全市老年人口数据、服务组织数据和动态服务数据。主要包含洛阳市老年人信息、养老机构信息、养老床位信息、服务人员信息等内容，可查询、可管理、也可展示，相关信息一目了然且动态更新。运用大数据，聚焦养老政策和养老服务实践中的重大现实问题，开展基础性、战略性、前瞻性研究，为养老改革的科学决策提供服务。平台提供了大数据管理、"十助二护"服务、政府购买服务申请、服务质量管控、养老机构实时监控、养老机构智慧消防、老年人安全实时报警及失智老年人定位和老年人互助服务诉求申请等服务，并利用互联网，整合养老服务机构、养老服务人员等养老资源，优化服务配置，推动了互助养老服务智慧化升级，提升养老服务质量水平。

2. 综合监管

洛阳市正在依托"乐养居"平台提升时间银行的运转效能，通过大数据可以及时全面地掌握各方面养老信息，老年人可以通过"乐养居"平台获取就近的服务，或者在"乐养居"内开展互助服务来满足自己的多元化养老需求。为了更好地开展互助养老服务，需要对"乐养居"平台开展常态化监管。为此，2020 年 11 月，对"乐养居"和社会办养老服务中心进行了等级评定，评定标准由低到高分为五个等级：A、AA、AAA、AAAA、AAAAA。评估采取自愿申请的原则，评定"乐养居"社区养老服务中心 79 家，获得等级评定的有 61 家，其中，AAA 级 10 家，AA 级 22 家，A 级 29 家，无等级 18 家；评定社会办养老机构 79 家，获得等级评定的 50 家，其中，AAAAA 级 1 家，AAAA 级 8 家，AAA 级 26 家，AA 级 5 家，A 级 10 家，无等级 29 家。在养老补贴发放监管方面，与市信息中心的公安等部门数据定时比对，确保高龄补贴精准发放；在养老服务监管方面，通过智能终端，实时采集老年人接受服务情况，并与政府补贴挂钩；在养老工作监管方面，按照中央、省、市对养老工作考核项目，设置不同权重，定期生成积分，评估各区养老工作情况，作为奖励依据。目前，洛阳市通过建立养老机构智慧监管系统，引入信息化技术和社会力量通过视频监控、大数据分析等方式，找出风险隐患点，推进养老机构安全隐患排查整改，促进全市养老机构安全教育培训常态化、安全服务设施标准化，不断提升服务对象幸福指数。

3. 养老服务

该部分为城市社区老年人提供"四助一护"上门服务、微信公众号智慧互助养老服务及服务监管，初步实现了互助养老服务的信息化、便捷化和精准化，发挥了信息技术对养老服务业的提质增效以及监管作用。群众可在"洛阳养老"微信公众号上查询互助养老服务政策、在线咨询互助养老服务，为老年人提供智慧互助养老服务、居家安全和户外安全服务、老年人能力评估等服务，他们也可以看到全市的养老机构信息，点击"养老地图"上的小红点，就能看到互助养老服务机构名称、地址、联系人姓名和电话等信息，对于老年人预约和咨询来说十分便利。此外，社区养老服务中心（包括"乐养居"）、养老机构等机构组织可通过该公众号在线申请等级评定，养老服务机构工作人员可通过该公众号为老年人进行能力评估。另外，能够自行上网的老年人也可以通过养老服务平台获取到不同类型的养老服务需求信息，低龄老年人则可以通过为高龄老年人提供服务来积累自己的"时间币"，以让自己在年龄更大的时候能够享受到其他低龄老年人的更多服务。

第七章

我国互助养老面临的实践困境

互助养老事业在发展的过程中，取得了不错的成绩，全国各地互助养老场所日益增多就是最好的例证。然而，我国互助养老事业在创立和发展的过程中也存在着不少问题，这些问题使得我国互助养老事业的发展速度相对迟缓。

第一节　互助养老创立阶段面临的困境

虽然我国古代就有了"义庄"等互助养老的雏形，但由于时间久远的关系，加之城市化和工业化的冲击，血缘关系、地缘关系逐步弱化，民众对传统的互助养老形式已不甚了解。而由西方国家传入的时间银行等较为新型的互助养老模式，在早期阶段大多属于学术界内部探讨的议题，普通民众对此缺乏足够的认知。因此，我国互助养老在创立阶段主要面临着认知困境等方面的制约。

一、互助养老面临的认知困境

我国地域辽阔，人口众多，且存在着显著的城乡差异和地域差异。对于互助养老而言，城市居民接触得较早，时间银行最早也在城市中开展。

相对于城市居民而言，农村居民对时间银行等互助养老概念缺乏足够的认知。以时间银行为例，其发展走势也是从城市逐步扩展到农村的。由此可以看出，对于广大的农村居民而言，其在互助养老的认知方面是滞后于城市居民的。而相对于西方发达国家而言，我国民众对互助养老的认知整体上又是滞后的。

（一）对互助养老认知上的滞后影响了互助养老在我国的创立

认知指导实践，当我国民众普遍对互助养老缺乏足够的认知时，他们就无法主动开展相应的实践活动。例如，日本早在 1979 年就开办了许多以劳动积分兑换养老服务的互助养老机构，而我国最早是在 1998 年才在上海市虹口区提篮桥街道开办以低龄老年人服务高龄老年人的"劳务银行"，标志着时间银行正式在我国创立。同样，20 世纪 80 年代，德国就创办了多代居互助养老模式，这种模式由单亲家庭和孤寡老年人组成，共同居住在政府和福利机构出资建造的福利公寓。不仅解决了老年人的生活起居和精神的孤独，同时小孩也得到了照看，双方都得到了家庭般的温暖。而我国肥乡县自 2008 年开始，才在结合农村实际和尊重传统习惯的基础上，探索创建了第一家"农村幸福院"新型农村养老模式。从这两种互助养老模式的创立时间来看，均落后于西方发达国家 20 年左右。由此可知，我国互助养老创立较晚的主要原因就是民众的认知较为滞后。

（二）对传统养老模式认知上的坚持影响了互助养老在我国的创立

我国传统的养老模式是家庭养老，主要由家庭或家族为老年人提供内容较为单一的养老活动，如基本的生活保障服务等。不过，在老龄化和城市化的快速推进下，农村社会和城市社会都发生了很大的变化。一方面，大量农民工进城务工，留在农村的大多是老年人和妇孺，人力结构的巨大变化使得传统的家庭养老难以为继；另一方面，伴随着人口老龄化的是护理需求的大量上涨，对于城市居民来说，大部分都是双职工家庭，工作的需要也使得其难以留在家里长期照顾老年人。

虽然在现实的压力下，一些人把自己的父母送入机构中养老，但是传统认知仍然在很大程度上影响着人们的行为，相当一部分民众仍然不愿意让自己的父母去养老机构生活，包括农村幸福院等互助养老场所，仍然固守于传统的家庭养老观念。

对于老年人来说，传统观念对其行为的束缚性也比较明显。虽然一部分老年人思想比较开明，比较容易接受新的养老模式，并勇于尝试互助养老。但仍然有不少老年人坚持"养儿防老"的思想，坚持留在家中，甚至不愿意和子女一起进城生活，更不用说进入养老院等机构中生活了。所以，对传统养老观念的坚持导致一部分老年人及其子女不愿意采取互助养老的模式，自然也影响了互助养老在一些地方的创立。

（三）对互助养老生活担忧的认知影响了互助养老在我国的创立

互助养老在我国是一种比较新颖的养老模式，很多人没有经历过，缺乏足够的认知，甚至身边也没有了解这一养老模式的人，在信息闭塞和信息孤岛的情况下，很多人容易采取保守的态度，对陌生的互助养老生活充满了担忧，不敢去尝试这一新的养老模式。

过去传统的家庭养老给人形成了子孙满堂的固有印象，认为老年人的晚年生活应该与自己的亲人在一起，大家彼此了解，生活习惯也相似，生活的氛围非常友好。人们并不习惯与其他陌生的老年人一起生活，即使生活在一起的老年人是相对熟悉的近邻，但在心理上仍然是有隔阂的。很多老年人担心，长期生活在一起容易产生矛盾和摩擦，如果彼此之间有了冲突，那么，自己与他人之间的关系就难以回到过去的良好状态。出于对未来人际关系恶化的担忧，很多老年人不愿意进入互助养老场所中生活。

即使部分老年人克服了以上的担忧心理，对互助养老形成了比较正确的认知，认识到互助养老是一种成本低、效能高的养老模式。但其对互助养老场所中的未来生活仍然会存在一定的担忧，主要担心互助养老场所中的服务设施不够等问题，难以为自己提供期望中的养老生活；另外，也担心自己在互助养老场所中受到一些委屈，影响了自己的情绪和身体。

由于老年人存在着不同形式的担忧，当老年人认识到未来可能发生的一些问题时，自然会对互助养老抱有一定的抵制心理，这样就会使得一部分老年人不愿意采取互助养老的模式，必然也会影响到互助养老模式在一些地方的创立。

二、互助养老面临的心理和行为惯习困境

孟子曾经提出"差等之爱"的概念，也就是说，中国人的人际关系的远近基于血缘关系的紧密程度，对与自己有紧密血缘关系的人，愿意付出较多的金钱、感情和物质等；反之，愿意付出的就会比较少。我国著名的社会学家费孝通先生在此基础上提出了"差序格局"概念，表达了同样的观点，只是用相对现代的学术化语言对"差等之爱"进行了重新的表述。

也就是说，中国社会与西方基于契约关系而形成的社会不同，中国是一个典型的伦理型社会。基于血缘关系的亲人就是伦理社会的一个个原点，每个人根据其他原点与自己的关系程度而采取相应的行为和态度。正如梁漱溟先生所言："伦者，伦偶，正指人们彼此之相与。相与之间，关系遂生。家人父子，是其天然基本关系，故伦理首重家庭。父母总是最先有的，再则有兄弟姊妹。既长，则有夫妇，有子女，而宗族戚党即由此而生。"[①] 伦理社会比较重视关系和人情的重要性。因此，梁漱溟也把师徒关系、商业伙伴关系、乡邻朋友关系等皆定性为伦理关系。

中国社会就是一个以伦理关系为纽带编织而成的人情型社会，每个人都必然以其肩负的角色和所背负的关系而承担相应的责任和义务。与此同时，别人也承担着相对应的责任与义务。而与自己没有血缘关系等伦理关系的人，自己就不会对其承担责任与义务。具体而言，对于与自己没有伦理关系的人，没有帮助他的义务和责任；也不会主动参与到其他人的生活

---

① 梁漱溟. 中国文化要义 [M]. 上海：上海世纪出版集团，2005：72.

事务中去，常常秉持着事不关己高高挂起的原则，对他人的生活采取漠视的态度。

对于城市社区来说，由于大部分社区都是由陌生人组成的，本身就缺乏血缘关系等伦理关系的链接，彼此之间也缺乏明确的责任和义务关系，所以，很容易对他人的生活保持一种距离感，不愿意主动接触他人，更不愿意主动为其他人提供帮助。即使是原有的单位制社区，具有一定的人情关系基础，但在市场经济的冲击下，助人行为也受到经济利益的考量和自身经济能力状况的制约，往往会抱着多一事不如少一事的心理惯习而不愿意与他人结对互帮互助，这显然会影响城市社区互助养老的发生。

虽然农村社区还存在着以血缘和地缘关系为纽带形成的局部性人情社会，但是由于大量中青年劳动力的外流，过去的熟人关系网络也大幅缩水，加之受到了金钱至上观念的冲击，邻里攀比之风盛行，功利主义行为大行其道，过去紧密的人情链接已经大为松动，很多人也秉持着"只扫自家门前雪，莫管他人瓦上霜"的原则，不愿意参与到集体事务中，当然，也包括不愿意参与到互助养老中。因此，如果没有强有力的外力推动，农村互助养老的发生也面临着很大的阻力。总之，这种不关心社区事务以及他者的心理和行为惯习显然制约着互助养老行为的发生，也给互助养老的创立带来了一些障碍。

三、互助养老面临的信任困境

互助养老是由一批老年人互帮互助下形成的新型养老模式，信任在其中发挥着重要的作用。中国古代也发生过互助养老的事例，基本上都是在亲朋熟人之间，主要包括在家族成员、同事、邻里、同一村庄或社区等小共同体范围之内。如传统社会中的义庄，主要解决的是族内鳏、寡、孤、贫、残等弱势老年人的养老问题。熟人之间之所以能够发生互助养老，除了双方都存在着养老的共同需求外，一个关键性的原因是彼此间有着较高程度的信任。显而易见，只有老年人之间互相信任对方，他们才能进行互助与合作，才能把自己的生活护理、精神慰藉等需要托付给对方；反之，当双方的信任关系不复存在时，则根本不会发生互助养老的行为。因此，较高程度的信任关系是互助养老发生的一个重要前提和基础。

显然，与传统的中国社会不同的是，现在的社会已经不再是高度信任的社会了，而是低信任度的社会。正如福山所论："华人社会一切以家庭为大，对于家庭以外的任何组织认同感都很低；由于各个家庭间的竞争性很强，因此，整个社会内部反映出来的是缺乏一般的信任，而家族或血亲关系之外的群体活动，也绝少见到合作无间的情况。"① 所以，由陌生老年人组成互帮互助的团体并开展互助养老是比较困难的一件事情，如果缺乏外力的推动，则很难大批量的发生。

遗憾的是，即使是在信任度较高的家庭内部关系，也面临着市场经济的冲击，在经济理性的挑战下，过去含情脉脉的家庭关系也难以经受住金钱的攻势而趋于冷淡下来。比如：在中国快速发展起来的保险业，在很大程度上依附于保险员的积极推销，而其推销对象大多是自己身边的亲戚和熟人。在经济利益的驱使下，自己的亲朋故旧的高信任度资源可以换来高额的工资和奖励酬报。所以，很多保险员千方百计地向身边的亲戚推销各种保险产品，而毫不考虑保险产品的性价比和保险系数是否适合对方。这种"一次性"推销往往导致亲戚关系受到严重的破坏，进而破坏的是社会整体的信任度和信任环境。如果连最为紧密的家庭血缘关系都不能被充分信任的话，那么，人们必然会采取相对保守的方式来处理外部事务，包括比较消极地对待互助养老，不愿意主动参与到互助养老中来等。因为，低信任度社会必然会让大家不能放心地把自己的福祉交托给一个个不能完全放心的人手中。在"防人之心不可无"成为许多人的人生箴言时，互助养老行为的发生自然就会受到很大的制约。

---

① 弗朗西斯·福山.信任：社会道德与繁荣的创造［M］.李宛蓉，译.呼和浩特：远方出版社，1998：116.

第二节　互助养老运营阶段面临的困境

虽然互助养老在创立阶段中面临着诸多困境，但创立阶段并不是我国互助养老面临的最大困境，互助养老面临的最大困境其实是在创立之后的运营阶段。目前，我国互助养老运营阶段面临着三种困境。

一、互助养老面临着参与度较低的困境

虽然时间银行等互助养老模式在我国的实践已经有 20 多年的历史了，但是了解或知晓互助养老的民众占总体的比例仍然不高，很多人并没有听说过互助养老这一新型养老模式，自然也无从谈起参与其中了。因此，互助养老的知晓度直接限制了民众对互助养老的参与度。

很多农村幸福院都是由现有的场地改造而成，新建的农村幸福院较少。依托现有场地改造而成的农村幸福院往往距离民众较近，方便民众参与其中。但并不是所有的农村幸福院都处于民众的方便活动距离内，有一些偏远地区的行政村，往往包括了几个自然村，且自然村之间的间隔距离较长，这样就会带来一个问题。即建设后或改造好的农村幸福院与大多数民众的距离都比较远，不方便民众参与到幸福院的活动中来，这也会减少农村老年人对互助养老的参与度。"前期工作有些不接地气，分任务，一个县建多少个农村幸福院，不论建在哪里，导致幸福院建设分布不合理，自然村分散，离得远，老年人不会去。"（访谈对象：洛阳市民政局科员）

通过实地观察发现，在幸福院长期生活居住的老年人数量较少，床位使用率较低。据洛阳市汝阳县民政局副局长介绍说："目前还不存在房间不够住的情况，因为村里大多数的老年人，还有他们的子女的养老观念还没有转变过来，感觉住在这不适应，2016～2018 年这几年人数逐年增加，

有 20~30 人，之后就慢慢少了，去年又因为疫情的影响现在人数就更少了，只有五六个人了。"床位使用率低标志着没有足够的老年人参与到农村幸福院的活动中来，农村幸福院的参与率也比较低。而汝阳县在洛阳市属于农村幸福院工作做得比较好的地区，其他县的农村幸福参与率则会更低了。

其实，农村幸福院设置一些床位是为了让老年人有更多的生活空间和时间，以充分发挥互助的功能。因此，一些地方对农村幸福院的床位数量制定了相应的标准，但这一标准的制定反而影响了一些农村幸福院的正常运转。因为，床位占据的空间较大，大多数农村幸福院是由村委会的原有场地和设施改造而来，本来的区域范围就比较小，有限的空间大多数被床位占据了，必然影响其他互助养老设施的摆放和设置。当农村幸福院的互助养老设施不太齐备的时候，其对农村老年人的吸引力也必然下降，农村老年人参与到互助养老的积极性也大为降低。因此，床位数量的硬性规定也限制了互助养老的参与度。

至于"互联网＋"互助养老模式则主要在城市社区中开展，很多农村老年人对智能手机的使用并不太娴熟，另外，农村地区也难以像城市一样拥有雄厚的经济实力，难以负担起"互联网＋"智慧养老平台的建设和运营费用。因此，"互联网＋"互助养老模式的参与度就更低了。总体上来说，民众参与互助养老的积极性不高，我国互助养老的参与度维持在较低的水平上。

二、互助养老面临着有效供给不足的困境

根据实地调查可知，洛阳市的农村幸福院于 2021 年底已经达到了 60% 的覆盖率，也就是说，60% 左右的行政村已经建设了不同级别的农村幸福院。有的地方可能会更高，建设规模和数量的多少与当地的经济发展水平有着密切的关系，经济条件好的地区，在资金投入上就可以多一些，相比经济条件差的地区而言，农村幸福院的覆盖率稍高一些。但是，通过

访谈和观察可以发现，相当一部分农村幸福院并不能实现正常的运营，有的地方是间隔性的开门，如周末或节假日开门接受农村老年人进入开展活动，而有的地方可能间隔数月才能再度运营，主要与资金的充足程度有关。当资金比较充足的时候，农村幸福院就可以实现常态化运营。而资金不足的时候，就不得不采取间歇式运营的方式。甚至，有的农村幸福院在投入运营后不久就彻底关闭无法运转了。正如洛阳市民政局科员所说的那样："去年做过统计，100多家不能正常运营，其他有些活动比较单一，有人开门。新安县有1/3正常运营，我说的正常运营是老年人可以自主活动。"

所以，虽然根据民政部的要求，在"十三五"结束前，农村幸福院在全国的覆盖率达到60%以上。"十四五"期间，预计能超过70%的覆盖率。但覆盖率的高低并不代表着实际的供给也是同样的情况。如果按照访谈中的情况来看，仅有1/3的农村幸福院能够实现正常运转，那么，大多数农村幸福院的供给处于无效或低效的状态，其存在并不能转化为互助养老的有效供给。

另外，即使在正常运转的农村幸福院，其所拥有的服务设施也并都不是完备的。一般来说，农村幸福院可以分为三个级别：示范型、标准型和普通型。示范型农村幸福院属于少数，因为示范型农村幸福院一般是新建场所，并拥有餐饮、保健、娱乐和休息的各种设施，能够满足老年人的多元化养老需求，需要耗费比较多的建设资金，保持其正常运转也需要投入较多的经费。大多数农村幸福院为标准型或普通型，其所拥有的各种服务设施相对较少。而且由于缺乏足够的运营资金，毁坏或不能正常使用的服务设施也难以得到及时的维护，导致部分服务设施实际上处于停摆的状态。由此可知，农村幸福院能够投入使用的服务设施种类是比较少的，能够正常使用的服务设施的总数量也比较有限，因此，人们利用服务设施提供的服务内容也受到了不小的限制，必然会使得互助养老服务的供给大幅缩水，导致互助养老的有效供给是不足的。

另外，时间银行主要集中在城市社区，农村社区的覆盖率更低。而且，即使在城市社区的时间银行，其分布率也不高，主要分布在大中城市。因此，时间银行的总量是比较有限的。从洛阳市的实地情况来看，时间银行主要在主城区运营，而且目前仅有少数的社区开设有时间银行，参与人数在总人口的占比是非常小的。由于时间银行还存在着一些内部的运营障碍，如兑换标准难以统一等，导致时间银行的效能也没有发挥出来。总体而言，时间银行这一互助养老模式的有效供给更是较为有限的。因此，可以说，我国互助养老的有效供给是不足的。

三、互助养老面临着管理水平较低的困境

（一）管理人员不足

对于农村幸福院来说，大多数管理人员是由村干部兼任的。即使有专职的管理人员，也仅限于资金比较宽裕的地区。洛阳市小寺村农村幸福院只有一位管理人员，而且"管理人员自己也是一位老年人，没有开工资，相当于尽义务了，没东堡村那个幸福院管理到位，民政拨的钱用于水电费，也会给管理人员一点，但是非常低（访谈对象：洛阳市汝阳县民政局副局长）"。

访谈对象所说的东堡村，是一个比较富裕的村，村里开办有集体产业，通过引入政府的光伏发电项目，每年也可以为村里带来几十万元的固定收入。基本上，东堡村的年收入在数百万元，属于远近闻名的富裕村。正是由于该村有比较强的经济实力，才在民政部门的支持下，建设了独立的农村幸福院，为幸福院的老年人配备了许多服务设施，被洛阳市汝阳县评为示范型农村幸福院。该院为了便于管理，专门聘任了一名工作人员担任院长，其工资主要由村集体补贴承担。"幸福院最大的开支和难题就是钱嘛，首先就是给院长发的工资了，每个月给他发 1200 元的工资，民政部补贴的 8000 块钱基本能维持水电费用，像院长工资就别提了。"（访谈对象：洛阳市汝阳县民政局副局长）由此可见，农村幸福院的管理人员总

体上是比较欠缺的，富裕地区的农村幸福院也仅能承担起一位管理人员的工资，其他地方的农村幸福院则更难以承担管理人员的日常工资了。所以，从总体上来说，农村幸福院缺乏足够的管理人员。

对此，地方官员表示上级政府应该加大财力支持，尤其是要切实保障农村幸福院管理人员的工资，必须有专门的管理人员，这样才能让农村幸福院保持基本的运转。"现在县里财政非常困难，别说幸福院的钱了，他们的工资都发不下来。所以说上级不能光建幸福院，后期管理必须解决了，谁管理，还是人管理，你安排一个人都得发工资，不给他们发工资他们也不会干。所以给幸福院的建议就是，上级制定政策，安排公益性岗位也可以，另外再补贴一部分水电费、运营等方面的费用。"（访谈对象：洛阳市汝阳县民政局副局长）

对于时间银行来说，其管理人员是否也是不足的呢？根据访谈资料可知，目前洛阳市的时间银行主要依靠志愿者团队进行管理，缺乏专职的管理人员。"时间银行这一块我们也考察过国内不同城市的运营方式，结合洛阳的情况，目前开展的主要还是以时间银行的团体互动为主。比如遍布全市的乐养居，每个乐养居都可能是一个时间银行的一个服务网点，它可以招募志愿者一起去参加活动，每个乐养居都有一个志愿者团队的队长记录，积累积分。"（访谈对象：洛阳市民政局副局长）所以，时间银行也缺乏专职的管理人员。

（二）管理能力欠缺

专职管理人员的缺乏必然导致互助养老的管理能力处于堪忧的局面。因为，兼职的管理人员没有经过专业的培训，不了解互助养老的运行规律和要求，难以虑事周全。所以，其所处理的事情也大多比较简单，主要是打扫卫生、开关门等简单的事务。"院长是同老年人同住在幸福院里的，主要负责早上和晚上的检查、院里的卫生打扫，还有，如果老年人之间发生矛盾了也由院长负责协调一下，主要是负责院里的治安和正常运行。"（访谈对象：洛阳市民政局副局长）

即使部分农村幸福院设有专职的管理人员，但由于其专业知识储备不足，尤其是专业管理知识的不足，导致其管理能力是比较差的。有的事情不是他们做不到，而是他们没有想到，对出现的各种问题难以做到预判，也更难以及时地应对和处理了。当然，这也与农村幸福院管理人员大多是老年人有关，老年人的知识储备较为陈旧，吸收新事物的能力也比较差，导致其认知较具局限性，也必然影响到其管理水平的高低。

由于农村幸福院管理人员知识储备的不足，导致其各项管理能力更为不足。包括对入住老年人不同阶段的指导和管理能力的不足等。

其一，缺乏对初入住老年人的适应性指导能力。

我国老年人习惯于家庭养老，身边的人都是熟悉的亲人，所以，其生活环境较为单一。但是，一旦入住农村幸福院之后，其所面对的对象是来自不同地方的老年人。虽然大家彼此可能比较熟悉，但也与在家庭里的气氛存在着很大的差别。更不用说，来自不同自然村的老年人聚在一起，大家的熟识程度并不高，彼此的生活习惯也不太相同。因此，初入住的老年人难免在心理会有一定的紧张情绪，需要有一个适应的过程。这个时候，如果专职管理人员有比较丰富的心理学知识，那么就可以帮助这些初入住的老年人打消心理顾虑，通过谈心谈话消解他们的紧张情绪，通过组织一些集体活动来快速打破陌生人之间的隔阂，从而帮助这些老年人尽快地融入新的环境中来。但是，事实上很多管理人员由于缺乏足够心理学知识，也缺乏相应的心理培训，对这些情况完全不了解，根本没有意识到初入住老年人的困境，自然也不会去设想如何去帮助这些老年人了。

即使一部分老年人适应新环境比较困难，并且提出了相应的要求，但作为知识储备能力不足的管理人员来说，他们也是很难帮助这些老年人调节自己的心理和情绪的。所以，主要依靠初入住老年人自己的心理调适能力。

其二，缺乏对入住老年人日常生活的指导和管理能力。

调查发现，农村幸福院老年人的生活比较单一，大多数是聊天，或者靠打牌度日。"有的村部有几间闲房子，弄点娱乐设施，老年人们在那打打麻将、下下棋啥的。"（访谈对象：洛阳市汝阳县民政局副局长）从很多农村幸福院的管理状况来看，院长对入住老年人的生活安排上不太合理，不能组织老年人开展多样化的娱乐活动，导致农村老年人的精神生活品质不佳。这与农村幸福院管理人员缺乏生活指导和管理能力有着密切的关系。

不同生活习惯的老年人生活在一起，由于缺乏必要的生活指导和管理，难免产生矛盾和冲突。如果农村幸福院的管理人员有较高的管理能力，则比较能够应付这一局面，通过调解让矛盾得到解决。但是，很多农村幸福院的院长没有受到必要的调解训练，对调解矛盾纠纷并不专业，往往不能及时化解矛盾。最后，不得不以把难以相处的老年人请出农村幸福院的方式来解决矛盾。但这样的解决方式并不能让人信服，也不利于提高农村幸福院对其他老年人的吸引力。

另外，入住后的老年人身体状况等各不相同，应该逐个进行登记备案，并采取相应的措施来保障其需求能够得到及时的满足。但是，由于农村幸福院的管理人员缺乏科学管理能力，既不能对入住老年人做到科学合理的登记，也不能按照科学的方法根据老年人的意愿组织他们开展互助服务活动，导致一部分入住老年人的满意度并不高。

此外，由于入住农村幸福院的老年人在身体方面都存在着或多或少的隐患，入住前并没有条件对其身体进行全面的检查，一旦入住后出现身体方面的紧急情况，则需要农村幸福院的管理人员做出快速合理的反应，包括紧急救护、快速止血等急救措施。但根据调查发现，大部分农村幸福院的管理人员没有接受过类似的医疗救护的训练，缺乏足够的医疗健康知识，面对突发的健康危机，也难以做出正确的应对。所以，农村幸福院管理人员的突发事件管理能力也令人担忧。

由调查可知，大部分农村幸福院院长的日常管理不太规范，常常依据个人习惯或现实情况随意性地调整管理方式。如在经费管理上采取个人代账的方式，有的院长日常花销没有实行规范记账、定时公开等制度，容易造成资金浪费或不良影响，也很难让其他人掌握到幸福院的财务情况；在时间管理上，有的幸福院白天开放时间不固定，且不能保证按时为老年人提供餐饮服务；在设施或设备管理中，由于缺乏使用经验和必要的管理，机器折损率也高于平均水平。

其三，缺乏对长期入住老年人的自身价值挖掘的能力。

一般来说，能够入住农村幸福院的老年人都是具有自主行动能力的，而且还有一部分老年人年龄并不大，还有能力为其他高龄老年人提供一些帮助。但是，如果缺乏一个管理人员进行合适的组织，则相对松散的老年人也难以形成一个有机的整体，并开展有效的互助服务。

其实，每个人都有自我实现的需要，都想体现自身存在的价值，老年人也不例外。对于很多农村老年人来说，他们有着自己的兴趣爱好，也有着不同的生活技能，如果把他们组织起来，利用各自的长处来为其他人服务，那么，整个农村幸福院的服务效能都能得到很大的提升。同时，老年人自身的存在感和价值观也会得到显著的上升。如此，则可以达到双赢的结果。

不过，组织老年人开展相应的活动并不是一件简单的事情，它需要了解老年人的心理和生理状况，选择合适的组织形式。同时还需要了解不同老年人的特长和爱好，这就需要农村幸福院的管理人员在老年人办理入住登记时就提前了解的内容。再根据老年人的特长和爱好选择不同的活动，确定活动的积极分子，并以点带面，把互助活动可持续地开展下去。

因此，这就需要农村幸福院管理人员具有较强的组织和协调能力，掌握一些活动的形式，能够熟练开展一些团体活动项目。但遗憾的是，大多数农村幸福院的管理人员并不具备这样的能力。所以，也难以根据老年人的特长和爱好把他们组织起来开展深度的互助服务，导致入住老年人在很长的时间内都不能发挥出自己的潜在能力，失去了对现有人力资源的整合机会。

就洛阳市的时间银行而言，同样面临着管理能力不足的问题。虽然洛阳市的时间银行管理架构已经初步搭建起来了，也有了自己的管理平台和运行载体（大爱养老服务有限公司），但是，其运作仍然缺乏足够的人员支撑，尤其是具有时间银行管理经验的专业人员。所以，至今洛阳市时间银行在积分兑换标准等方面尚未形成突破性的成果，发展进程比较缓慢。

另外，时间银行的健康运转依赖于现代化网络信息平台的建立和完善，该平台最主要的支撑力量是专业网络技术人员。网络技术人员需要设计专业的养老服务程序，包括志愿者招募、审核、基本信息的记录，养老服务时长的记录以及积分之间的兑换比例计算方法等都需要专业计算机人员进行程序的设定。而且，该信息系统还需要专业人员在后期不断进行维护和升级，使其更加合理，更有利于促进时间银行的发展。但专业管理人员的缺乏直接导致了网络系统使用效率低下，网络设备等资源的浪费，影响了时间银行后期的长远发展。

（三）互助养老面临着服务效能低下的困境

互助的含义很宽泛，一方面体现在互助服务的内容上，包括日常陪伴和日常护理互助；另一方面互助是一个不同年龄段、不同人群的参与过程。互助的意义还应包括自我救助的意义，以提高老年人在互助中的生存意识和能力。因此，这一点应在构建农村幸福院服务内容的过程中得到有效体现。但在许多农村幸福院中，互助的内涵相对比较狭窄。比如，不少农村幸福院院规定，老年人一旦生病，不能自理，子女应带老年人回家自理，待老年人恢复自理能力后再回幸福院。从这种规定可以看出，农村幸福院并没有起到很好的互助作用，互助不能简单地理解为给老年人找个伴，让生活不再孤独和寂寞。因此，进一步完善互助的内涵，扩充互助的内容，才是互助养老模式的核心。

在养老设施使用方面，农村幸福院的许多养老服务项目、内容及服务形式都比较单一，导致互助养老中很多养老服务的配套设施未能发挥其功能。调查发现，有些地方只注重基础建设以及政府资金的投放，忽视了农村幸福院的管理和运营。在农村幸福院的建设中，不管什么规格的幸福院，一般都按照政府规划中的考核内容进行建设，其中也都相应地配有相关设施，如桌椅、厨具、橱柜、电磁炉等。但是调查发现，很多幸福院中老年人的主要活动区域只是在自己所居住的房间。像活动室、储藏室等形同虚设，搁置已久，没有利用。厨房中的灶具以及做饭的食材也相当少，台面上还有一些灰尘，看不出有多人使用的迹象。

在老年人互助服务方面，目前老年人之间的互助多集中于休闲娱乐和饮食购物方面，互助水平较低。由于缺乏护理方面的常识，老年人缺少更加深入的助医等互助行为。所以，农村幸福院的集中居住激发了老年人的一些简单的互助行为，但互助养老的功能还未得到更加充分地发挥。如果不充分发掘老年人互助养老行为，那么农村幸福院便只是老年人集中居住、独自生活的大杂院。另外，由于法律法规的缺失，很多人担心在互助过程中发生意外状况后难以清晰地界定各自的责任边界。所以，农村幸福院的管理方在鼓励入住老年人互帮互助方面缺乏应有的积极性。

此外，政府建设大量的农村幸福院的目的是希望发挥其低成本高效能的互助养老功能，然而，不少大门紧闭的农村幸福院阻碍了农村老年人进入其中，部分运行中的农村幸福院又由于管理人员工作能力问题，无法有效引导农村老年人开展积极的互助行为，很多农村幸福院老年人的互助活动局限于日常生活照料层面，没有实现物质生活和精神生活的同步发展，换句话说就是只注重物质生活，在医疗保健、康复护埋、文化娱乐、精神慰藉等方面的服务没有同步跟上。这就导致农村老年人在幸福院里感觉很枯燥，缺乏生活的趣味。

实际上，由于消防安全方面的限制，很多农村幸福院并不具备入住老年人的条件，例如，按照消防法规规定，有床位的房间内需要配备消防喷淋设施，但绝大多数农村幸福院是不具备这样的条件的，很多不具备入住条件的农村幸福院也只能开展日间照料服务。所以，很多农村幸福院扮演着事实上的日间照料服务中心的角色。由于老年人入住受到客观限制，所以，老年人之间开展互助服务的机会也随之大幅降低，互助养老服务效能也随之下降。

就洛阳市的时间银行来说，大部分服务仍停留在洗衣做饭、代人购物等方面，以生活照料服务为主，服务内容比较简单，服务层次比较低。虽然有不少志愿者参与其中，服务积极性也比较高。但当面对失能失智老年人等护理要求比较高的服务对象时，普通的志愿者显然缺乏专业的服务知识和能力，而无法为这些老年人提供专业的护理服务。因此，时间银行的互助服务总体效能仍处于较低水平。

第八章

影响互助养老发展的因素

第一节 制度因素限制了互助养老的发展

任何一个新生事物要想获得持续的发展，必须有一个良好的外部制度环境，包括国家层面的法律法规和地方层面的法律法规等制度体系。"十二五"期间，我国政府就提出了互助养老这一养老形式，指出要以居家养老为基础，以互助养老为依托，以机构养老为支撑。整体上来看，互助养老已经被纳入政府支持的范畴内，互助养老模式也被政府列入农村养老设施重点推广的项目。2018 年，国务院的政府工作报告中再一次提出，为了应对老龄化的发展，我国要大力支持互助养老模式的发展。

虽然，政府在不同时期都明确表态要支持互助养老的发展，但在法律法规的制定方面却存在着滞后的现象。目前为止，尚未有权威的关于互助养老法律的出台，从宏观上来讲，仅有《中华人民共和国老年人权益保障法》与互助养老存在着法律渊源，但前者是一个覆盖范围广泛的法律，内容上也缺乏与互助养老直接相关的具体法条。后来，政府虽然出台了《关于加强和改进社区服务工作的意见》，但在政策上，仅仅从社区建设的角度指出了互助养老的发展方向，并未对如何提高养老服务质量和创新养老模式上给予相应具体的措施和方案，这导致基层政府部门面对互助养老模式出现的问题时，没有现成的规章制度可以参考。虽然 2013 年财政部与民政部下发了《中央专项彩票公益金支持农村幸福院项目管理办法》，但仅限于资金支持，而对互助养老的法律地位、互助养老的管理规则等并没有明确的规定。当出现紧急情况时，地方政府部门无法掌握管理的尺度，这不仅影响政府管理的积极性，导致政府管理缩手缩脚，也必然会影响互助养老发展的良好环境，导致互助养老的发展缺乏强有力的法律支撑。

截至目前，一些政策规定主要是进行已有措施的总结以及规范，但是缺少预设性和方向性的制度建设，关于互助养老的全国性法律法规还没有出台，与互助养老直接相关的政策文件数量也比较少，除了 2013 年财政部与民政部下发的《中央专项彩票公益金支持农村幸福院项目管理办法》外，只有民政部对人大代表的一些回复意见。

从表 8-1 所列文件可以看出，针对互助养老的法律和制度基本上处于空白状态，更多的是口头上鼓励，缺乏实际的立法成果，由此导致了互助养老在运营中出现问题没有解决依据。

表 8-1　　　　　　　中央政府发布的互助养老模式的通知和文件

中央层面的互助养老相关政策文件	主要内容
中央专项福利彩票公益金支持农村幸福院项目管理办法	每所幸福院可以申请 3 万元的建设资金，作为幸福院建设和设施采购的基础资金
国务院办公厅关于全面放开养老服务市场提升养老服务质量的若干意见	推广"互助养老"模式，鼓励老年人开展自助和互助服务，开发老年人资源
国务院关于印发"十三五"国家老龄事业发展和养老体系建设规划的通知	倡导增加老年群体以外的邻里、亲朋好友、志愿者参与，共同建设幸福院，大力发展互助养老服务
民政部对"关于加快制定农村养老政策和提供资金支持的建议"的答复	积极健全农村养老保障制度，增加农村老年人资金补贴，积极发挥基层党组织、自治组织和老年协会的带头作用，大力发展农村幸福院
民政部对"关于进一步加强农村养老服务政策扶持的建议"的答复	发挥养老机构和农村幸福院的基础作用，同时调动老年协会参与管理，村委会组织协调

　　不仅国家层面缺乏关于互助养老的宏大立法，地方政府层面也存在着法律法规制定不完善的问题。很多地区仅以政府文件的形式对规模、数量和配套设施等提出一定的要求，并没有对其进一步发展制定具体的方案，更没有专门立法来为互助养老的发展提供足够的法律保障，导致互助养老的发展缺乏实质性法律法规的支撑。以洛阳市为例，虽先后出台了《洛阳市民政局关于印发加快农村老年幸福院建设指导意见的通知》《洛阳市民政局关于加快推进农村老年幸福院建设的通知》《关于进一步加强农村老年幸福院运营管理工作的通知》。但都是以政府部门文件的形式下发，缺乏法律的权威性，导致其对老年人的志愿互助行为和合法权益不能提供有力的规范和保护，如果老年人在互助过程中产生了财产纠纷，那么依靠以上政府部门文件无法得到及时和有效的解决，这在一定程度上制约了互助养老的健康发展。

　　虽然我国关于互助养老的法律法规还处于酝酿阶段，但鉴于互助养老在我国良好的发展趋势，政府仍有必要出台指导性强的政策来引导互助养老的发展，尤其是关于风险界定的政策。因为目前影响互助养老发展的一个重要阻碍因素就是民众对潜在风险的担忧。无论是农村幸福院，抑或是时间银行等互助养老模式，都需要民众参与并发生面对面的互动与交流。由于其参与者大多是年龄较大的老年人，一旦发生身体的突发疾病或其他意外事故，参与其中的志愿者等都无法免除自身的责任，这种对风险的担忧必然影响民众对互助养老的参与热情。正是考虑到自身责任和风险极大，而收益较小，不少老年人才不愿意加入互助养老中来。

　　另外，参加互助养老的志愿者有的是出于责任感向社会奉献爱心，有的是为了给自己的晚年生活提前储备时间币等，以便于自己老年可享受他人的照顾，不同老年人的服务初衷是不一样的，这可能会导致不同老年人在为他人提供服务时的认真程度出现差异，对于责任感强的老年人，在服务态度上可能会更积极一些，服务质量也会稍好一些。对于责任心稍弱的老年人来说，其服务质量可能会稍差一些。但是，由于缺乏对互助养老服务的质量进行规范和评估的法律条例或政府文件，在互助养老服务过程中就难免出现服务态度和服务质量良莠不齐的情况。这样容易产生老年人之间的矛盾和纠纷，不利于互助养老的健康发展。由于政府层面缺乏完备的互助养老法律、法规和政策文件，导致民众在出现问题时，不知道应该找哪一个部门来解决，这也直接影响了互助养老的健康发展。

此外，由于国家层面的法律法规缺失，许多老年人对互助养老持怀疑态度，这种态度严重阻碍了互助养老的发展。以时间银行为例，许多民众对自己能够在将来获得他人的帮助持有怀疑的态度，认为一旦将来出现自己的时间币无法兑换时，政府又没有相应的法律作为保障，受到利益损失的大多是自己。虽然直接提到时间银行模式的《河南省志愿服务条例（草案）》指出，河南省可借鉴国外先进做法，将时间银行概念和制度引进条例，但是关于时间银行实施办法、管理制度、奖励机制等相关政策法规并未涉及。因为时间银行的志愿者与普通志愿者不同，前者交换的是各自的时间，强调权利与责任的对等性，本质上是一种有偿服务。但由于时间银行的兑换周期较长，在没有明确法律条文保护的情况下，志愿者常常会失去参与的热情和动力，限制了志愿者的数量，对时间银行互助养老产生负面影响。缺乏法律这一强有力的后盾，互助养老的运行就缺乏保障，一旦互助养老机构的资金来源、人员配备、设施配备、专业化服务等任一环节出现问题，配套政策跟不上，互助养老的发展就缺乏相应的保护，这不利于互助养老的发展。

第二节　资金因素影响互助养老的发展

现阶段，互助养老的建设缺乏强有力的法制保障，同时，在财政投入方面也缺乏足够成熟完备的硬性约束机制。缺乏科学、全面、系统的法律制度制约，政府在财政投入方面的选择很大程度上受到人为因素的影响，会盲目投到一些与互助养老服务关联不大的方面，造成互助养老预算很大一部分没有落到实处，特别在公共财政捉襟见肘的情形下，互助养老服务更不可能具备充足的资金投入保障。尽管改革开放之后法律政策获得了明显改善，政府财政体制也在尽可能地向公共财政制度转移，但是在这个过程中必然存在财政政策与法律法规需更进一步完善的现实，综合来看，资金投入欠缺已足以成为互助养老事业健康发展的主要影响因素。

一、政府投入资金的不可持续影响了互助养老的发展

互助养老需要有力的资金保障才能稳定地开展，但是目前政府给予的资助相当有限。除了财政部划拨的 30 亿元中央专项彩票资金给每个申报成功的幸福院 3 万元补助作为新建或租赁费用之外，对于建成后的运行经费没有持续性的保障。"2013～2015 年间，中央投入彩票公益金支持农村幸福院的建设。在中央彩票公益金停止建设补助后，省、市、县两级均无专项经费用于支持农村幸福院持续发展。2017 年，洛阳市采取市、县两级按相同比例投入资金用于继续推动建设，但部分县（市）财政困难，建设配套资金至今难以落实。"（访谈对象：洛阳市民政局科员）

仅仅依靠这 3 万元是难以启动互助幸福院的建设以及保障其长期运营的，也远远不能够满足日益增长的互助养老服务需求，互助养老资金需求仍然存在很大的缺口。"你不拨钱，光建幸福院其实就是浪费资金。钱都是地市解决的，有的幸福院是两万元，这是建幸福院的钱，并不是运行经费，你想想这两万块钱能办好啥，两万块钱连买幸福院里的东西都不够。不说别的了，一个很简单的问题，这两万块钱根本发挥不了作用。"（访谈对象：洛阳市汝阳县民政局副局长）

同时，政府缺乏完整的资金运行制度以及监督机制，再加上对互助养老模式的宣传不足，社会各界对其关注度欠缺，这导致互助养老模式难以多渠道获取资金。在对"互助养老发展面临的主要问题"访谈时，"资金不足"是受访对象普遍提出的问题，同时随着空巢老年人的逐年增加，互助养老的资金链可能出现"断裂"的情况，导致其后续发展缺乏动力。

此外，政府资金的使用一般是有时间限制的，往往以年度为单位向下级拨付，如果在该年度内下级单位没有使用完这笔资金，则该笔资金有可能会被收回。但如果下级单位意图将该笔资金长期分批使用的时候，就与上级部门的资金管理政策发生了冲突。结果往往是拨付资金被上级部门收回，对下级单位的工作运转产生直接影响。正如洛阳市汝阳县通过招标与第三方公司合作开展互助养老服务一样，但当拨付资金被上级部门收回后，汝阳县政府就没有资金进行招投标，第三方公司也无法继续为农村幸福院的老年人提供各种服务了。比如，"关键这种不可持续，因为这钱没有保证，咱这方面的钱今天有，明天就可能没有了，就像去年啊，看着钱没用，被收走了，现在就是公开招标的。"（访谈对象：洛阳市汝阳县民政局副局长）因此，有必要发展集体经济，通过集体经济的补贴来弥补政府资金投入的不足。

二、集体经济的薄弱影响了互助养老的发展

在传统社会中，我国主要通过家族和宗族来实现互助养老，通过宗族内部的互相帮助达成养老的目的。从汉代开始的居养安济院和宗族互助、到北宋的义田和义庄、唐代的"悲田养病坊"以及清朝的姑婆屋等，都需要依靠家族或宗族的力量。新中国成立后，我国建立了公社为单位的集体主义生产制度，以往的家族和宗族的影响力急剧下降，而集体的力量开始占据了统治地位。与此相对应，五保制度也很快取代了传统的义田和义庄而成为农村主要的养老方式，即集体互助养老方式。

改革开放后，"一大二公"的集体主义生产制度转向为家庭联产承包责任制，家庭联产承包责任制的全面推广使得农村集体经济的基础进一步弱化，集体经济的发展受到了一定程度的制约。

洛阳市汝阳县三屯镇东堡村则是一个例外，该村的集体经济发展得比较好。除了光伏发电项目每年能为村里带来固定的近20万元的收入外，村里还有其他的产业，每年的净收入接近200万元。"我们这有光伏发电

项目，这个是 2017 年的扶贫项目，一年可以收益十几万元，还有一个养牛场，养了 1000 多头牛，牛产生的粪便还能制作成有机肥用于旱稻的种植，去年还举办了'稻田文化节'，这也相当于一种民俗文化吧，今年的还在筹办中。"（访谈对象：洛阳市汝阳县民政局副局长）

当然，该村集体经济的发展壮大需要具备很多前提条件，一个很重要的条件是，该村党支部具有超强的凝聚力和战斗力，能够带领全村民众一起发家致富。该村的党支部书记由一位县里退休的领导担任，由于该书记有着丰富的人脉资源，加之有着强烈的为村民谋福利的初心，经过十多年的发展才形成了今天这样的繁荣局面。"这个村的村支部书记以前是县里的领导，退休之后还在管理幸福院，天天都想着咋为咱老百姓做实事，但发展农村幸福院也有难处啊，有时候村支部书记难得都想哭，办村集体经济也不是一件简单的事情。"（访谈对象：洛阳市汝阳县民政局副局长）

所以，汝阳县最好的互助养老场所就是东堡村幸福院，因为该村集体经济比较发达，有能力给予农村幸福院资金补贴，帮助农村幸福院聘请专职的管理人员，并补贴一部分运营费用实现农村幸福院的正常运转。但是，其他村由于缺乏强大的集体经济支持，难以为农村幸福院提供足够的运营资金，从而陷入运营困境，有的农村幸福院甚至处于关闭的状态。"这个村还好点，有村集体经济，大部分的村没有集体经济，有些村集体经济说是有 5 万元、3 万元，那都是说一个虚数。像这个村村集体经济有一二百万元的很少，几乎没有，所以说这个幸福院是不可复制的，为啥不可复制呀，因为集体经济比较薄弱。"（访谈对象：洛阳市汝阳县民政局副局长）由此可见，集体经济的薄弱直接影响了互助养老的健康发展。

三、社会捐助的不稳定影响互助养老的发展

随着我国经济发展迅速，民众的慈善捐赠意识在逐步增强，汶川地震、新冠肺炎疫情等危机又在很大程度上激发出了民众的捐献热情。但需要注意的是，我国仍是发展中国家，经济总量的扩大并不意味着人均 GDP

也进入了发达国家的行列。基于我国庞大的人口基数，我国民众的人均收入仍然处于较低的水平。根据国务院发布的消息称，我国仍有数亿人月收入在 1000 元人民币以下，很多民众的可支配收入并不高。基于此，很多民众在捐赠的方面处于有心无力的局面，可以说，人均收入水平不高直接影响了我国民众的捐赠热情和捐赠总额。

对于我国民众来说，由于其总体的可支配收入水平不高，导致其在进行捐赠的时候，比较偏向于实物捐赠，包括食品、被褥、衣服、电器等，而非现金捐赠。虽然这些捐赠的物品可以满足接收方一定的需求，但对于迫切需要资金扶持的农村幸福院或者时间银行来说，实物捐赠对其实现可持续发展的帮助并不太大。

此外，无论是实物捐赠，抑或是现金捐赠，我国的农村幸福院和时间银行等都难以接受到连续性的捐赠，捐赠行为的偶然性和非持续性使得互助养老模式无法从社会捐赠中得到资金的保障。"以前还有一些企业捐赠的物品和资金，不过，现在这个没有了。"（访谈对象：洛阳市汝阳县民政局副局长）因此，期望从社会捐赠中获取到充足的互助养老发展资金是不现实的。

四、个人缴费意愿不足影响互助养老的发展

根据洛阳市民政局关于规范互助养老建设和运行管理的指导意见，入住农村幸福院的老年人，由其自身或其子女负责日常生活所需的衣、食、住、行等各项费用，条件较好的村集体可以适当补贴，以维持农村幸福院的正常运营。但是，在实际运作中发现，农村老年人的缴费意愿很低，即使是很低的收费，也可以成为阻碍很多老年人参与农村幸福院的重要因素。

农村老年人缴费意愿较低与其收入水平较低有着直接的关系，农村老年人除了一部分比较微薄的土地收入以外，大多数依靠子女的赡养，但是由于大多数老年人的子女外出务工，老年人难以从其子女那里及时地获得

经济支持。其较稳定的收入来源是政府发放的养老金，但基础养老金的数额较低，农村老年人平均每月养老金只有87.6元。由此可见，农村老年人对许多收费项目是非常敏感的，一旦收费，就有可能选择放弃。"当时开始的时候，2017年有7个村，到了2018年开始收费的时候，就变成5个村了；另外，服务人员，原来是5000多人，现在变成2000多人，因为让多掏40元钱，这他们都不愿意。每月理发一次，12个月光理发钱，40元钱都不够，但是老百姓就因为这40元钱不愿意了，有这40元钱可以买点盐啊，干点其他事啊，因为以前是免费的嘛，这一收费，他们不想掏了。"（访谈对象：洛阳市汝阳县民政局副局长）

总之，政府投入资金的不可持续性直接影响了互助养老资金获取的连续性，而集体经济的薄弱使得大部分农村幸福院陷入资金不足的困境之中。加之，我国社会捐赠的不稳定性，以及农村老年人较低的个人缴费意愿，导致我国互助养老的发展缺乏较为充足的资金，而资金不足则直接影响我国互助养老的可持续发展。

第三节　组织因素影响了互助养老的发展

在"五大振兴"中，组织振兴是文化振兴、产业振兴、生态振兴和人才振兴的重要基础及有力保障。农村基层组织，包括基层政权、基层党组织等组织，主要包括村党组织、村委会、村妇女代表大会和"两新"组织（新经济组织和新社会组织），覆盖了党在农村的全部工作。其中，基层党组织是一切组织的核心，是实施农村振兴战略的骨干。当前，农村社会正处于转型的关键时期，人口老龄化、村庄空心化、家庭离散化，村庄缺乏人气和活力。"三农"问题突出，部分农村基层组织软弱涣散，村干部"小腐大贪"现象和村霸治理在一定程度上依然存在，这些都直接影响了农村互助养老的发展。

而农村基层组织软弱涣散还与农民相对保守落后的思想认识有关。在社会急剧变迁的历史背景下，农民群体的当家作主、自主自强的意识尚未完全觉醒和激活。首先，农民有一定的"小农意识"。小农意识源于相对保守落后的农耕文化。农民的生产生活相对封闭和狭隘，影响着农民的思维方式和价值选择。他们对自己在促进农村发展和建设中的主要作用缺乏正面判断，无法采取进一步的积极行动。其次，农民的集体意识相对较弱，在承担责任和义务方面较为被动。他们甚至自愿放弃自己的主要权利，逐渐成为农村互助养老发展中的被动角色。此外，农民的发展意识严重缺失。许多人把自己定位为"他人"，认为养老主要靠家庭和子女，对政府倡导的互助养老这一新型养老模式经常采取"干部干，群众看"和"剃头挑头一头热"的姿态。最后，相关政策保障和资源供给的丰富并没有有效促进农民公共规则的培育和主体意识的建设。相反，容易诱发农民发展心理的缺失和失衡，在一定程度上培育出了农民的"等、靠、要"思想。

农民相对保守落后的思想认识也使得他们难以自发组织起来，组建各种类型的社会组织，积极参与到互助养老事业中来，比如农村老年协会等。老年协会是一个非常适合于推动互助养老发展的社会组织，以老年协会为载体可以有效地把农村老年人组织起来，发挥他们各自的长处为其他老年人提供各种服务。但是，许多农村并没有成立老年协会，而已有的老年协会也大多是在上级部门的要求下成立的，骨干成员大多由村干部兼任，普通老年人参与的热情并不高，难以达到预期的目的。

第四节　民众的养老观念和自身条件影响了互助养老的发展

尊老爱幼一直以来都是中华民族的传统美德，子女如若不赡养自己的父母不仅会受到道德的谴责，也会受到法律的惩罚。由于受传统观念的影响，多数人选择传统养老的方式，他们认为只有世代同堂才是理想的养老模式，这种思想根深蒂固，也是家庭养老的内在动力。还有一些人及其子女都认为住进农村幸福院是一种不光彩或子孙不孝才会发生的事情，不仅如此，被送进农村幸福院的父母也会觉得不光彩，而这一观念也是农村互助养老模式在全国范围内推广的重要观念性障碍。同时由于生活习惯问题，多数人喜欢选择与熟悉的人在一起生活，这些在一定程度上阻碍了"互助养老"的实施和推进。

一、传统观念制约了老年人的参与

虽然互助养老模式已经在许多地区推广实施，且互助养老有着巨大的比较优势，很适合农村老年人的养老选择，但是很多农村老年人对参与农村幸福院仍还抱有一定的顾虑。一方面，大多数人比较喜欢传统的居家养老模式；另一方面，养儿防老仍然是大多数老年人的传统观念，在老年人眼里，只有没有子女或子女不孝顺的老年人才会被迫选择进入养老机构或农村幸福院的方式来度过晚年。

与城市陌生人的社会结构不同，农村熟人文化圈的舆论压力会对家庭养老领域的社会服务干预形成无形障碍，并使家庭成员产生一定的阻力。农村地区的老年人普遍认为，当他们能够自行活动时，他们自己照顾自己，不愿意给孩子添麻烦；当他们无法照顾自己时，他们主要依靠妻子或孩子。一些老年人认为，去农村幸福院或接受互助服务，会让他们的孩子丢脸，村民们会说闲话，进而影响到孩子的社会形象，因此，通常会拒绝参与到互助养老中来。事实上，很多年轻人也认为，让老年人去养老院是自己不孝顺的表现。

民众的互惠意识较差也是一个重要影响因素。对于农村幸福院这种新兴事物，村民对其了解甚少，缺乏认同感。通过实地走访发现，由于民众互惠意识缺失，导致当地老年人缺乏互助参与意识。农村实行家庭联产承包制以后，农村集体经济渐渐走向了下坡路，而以家庭为单位的家庭经济不断增强。与城市相比，农村的公共服务水平和质量也没有得到同步的提高。集体意识的弱化和公共服务经历的减少使得很多农村老年人缺乏清晰的公共服务需求意识，不知道自己需要何种类型的公共服务。在与老年人的交谈中发现，部分老年人产生一些疑惑，例如自己入住在农村幸福院中帮助其他老年人，那么其他老年人会不会以同样的方式来帮助自己，自己怎样能够对其他老年人产生完全的信任感。从中可以得知，由于当前老年人的互惠意识不强，没有意识到农村幸福院既能帮助别人，同时自己在需要帮助时也能获得对方的帮助与支持。并且由于缺乏相应的激励机制，诸多低龄老年人缺乏长远眼光，而是只看到眼前的利益，在农村幸福院或时间银行没有给自己带来立竿见影的好处后，就很快不愿再参与到互助养老中。

二、老年人的自身经济条件限制了互助养老的发展

需要指出的是，互助养老模式并不完全是免费的服务，其宗旨是为老年人提供一个集体生活的场所，老年人的生活和医疗方面的需求仍主要依靠自己的力量或互助来解决。但就目前经济发展现状来说，很多互助养老场所还没有能力完全无偿为老年人提供所有服务，老年人入住互助养老场所需要支付一部分费用，只是不同地区之间由于经济发展条件的差异，老年人支付费用的具体操作办法和支付金额存在差异。有的互助养老场所仅仅能负担自身的管理和服务费用，老年人需要自行支付一部分生活费，老年人的看病费用就更无从谈起了，导致很多老年人因为负担不起互助养老场所的费用而不能入住，这自然也就影响到了互助养老模式的长远发展。

第九章

我国互助养老实践困境的解决策略

从目前的政策执行效果来看，互助养老建设的政策路径应该属于社会救济，注重短期的建设资金而忽视了长期运行资金投入。然而，在缺乏组织管理和良好养老效果的吸引下，老年人很难自发地参与到互助养老中，其基于自身利益的考量而做出的行为常使社会救济的政策处于失灵的状态。当前正处于乡村振兴和社会变迁的关键时期，为了满足老年人对美好晚年生活的向往，政府有必要改变政策路径，从社会救济路径转为社会福利路径，加大对互助养老的投入力度，采取措施推动互助养老实现可持续发展。

第一节 基础性解决策略： 发挥政府主导作用，加强政策和法律保障体系建设

一、加大政策协调力度，构建完善的多部门协同管理体制

目前，互助养老仍处于建设期，群众基础相对薄弱，社会影响不足。政府要站在全局的高度，倡导和重视互助养老，把互助养老纳入养老保障政策体系建设予以支持，把互助养老服务纳入各级政府经济社会发展规划

和目标管理，以政府为主导协调民政、老龄、财政、卫生、城建等部门的共同发力，结合当地社会发展情况，制定发展互助养老模式的综合性措施，明确各职能部门的职责，各司其职，避免相互推诿，确保政策的稳定实施。

要加强政府各行政部门之间的合作，切实履行职责，建立快速有效的沟通机制，为互助养老模式的发展提供良好的外部环境。而服务标准化需要政府根据各地实际情况制定。明确资金使用方向，建立老年人互助标准和评价体系，监督检查老年人互助进展情况，建立严格的处置机制和规范的奖励制度，聘请专业第三方评估政策执行情况和资金使用效率，以保障互助养老的服务质量。

以农村幸福院为例，农村幸福院发展中存在的问题很大程度上是政府政策体系不健全造成的，因此需要进一步加强对当前农村幸福院的政策支持。一是要尽快出台规范性文件。可由政府相关部门出台《农村幸福院设立办法》《加强农村幸福院运营管理的指导意见》等，明确规定农村幸福院的性质、地位等问题，细化农村幸福院的日常管理流程。二是要进一步完善农村幸福院的相关保障措施。商业保险的介入对于降低农村幸福院的运营有着明显的作用，因此，应适时推出农村幸福院责任险、农村幸福院意外险等新险种。该保险可由村集体代为购买，而集体经济状况较差的村庄可由政府部门出资代为缴纳。同时，进一步推动医疗机构服务重心下沉，鼓励农村幸福院和乡镇卫生院建立密切的合作关系。甚至，可以设立县、乡、村三级应急救护体系，推动优质医疗资源下沉基层，保障农村老年人突发疾病后能得到及时的医疗救护，提高农村幸福院的医疗安全保障水平。三是要进一步加强监督考核。农村幸福院主要由年龄较大的老年人组成，要高度重视火灾等灾害的防备工作，把预防放在首要位置，加强日常的检查和督促指导，对检查出来的安全和消防等问题要及时予以督促和整改。

二、加大立法力度，构建健全的制度保障体系

目前，我国养老社会保障体系还不太完备，各种公共服务政策的内容仍不够细化，在这个过程中，更需要政府发挥主导作用。市场经济不能解决所有的社会问题，所以，在市场失灵的情况下，政府要承担起自身的公共责任。政府不能因为幸福院是由村级主办，服务以老年人互助为重点而推脱自身责任。因此，政府应在互助养老模式中扮演好"兜底人"和"掌舵者"的角色。政府工作的重点应是提供制度保障，也就是要做好互助养老相关制度的制定和审核工作，完善与互助养老场所内部管理和外部联系有关的法律法规体系，明确互助养老场所的性质及其功能定位。

对于时间银行模式来说也是如此，虽然我国的时间银行互助养老模式取得了一定成效，但当前面临的主要问题之一是我国对时间银行互助养老模式的管理和运营缺乏明确的法律规定，时间银行互助养老模式的发展缺乏强有力的法律支持，导致其发展是难以持续的。因此，我国要发展时间银行的互助养老模式，首先要考虑制定相关的法律法规，以法律的形式厘清时间银行互助养老模式的运作模式。为时间银行互助养老模式的发展创造良好的发展环境。政府颁布有关时间银行的法律法规，有利于保障时间银行互助养老的合法性，促进时间银行互助养老模式的稳定运行，保护参与人员的权益，促进时间银行互助养老模式的发展和实施。

从 2013 年以来，国务院先后颁发了三个有关互助养老的文件：《国务院关于加快发展养老服务业的若干意见》《国务院办公厅关于全面放开养老服务市场　提升养老服务质量的若干意见》《国务院关于印发"十三五"国家老龄事业发展和养老体系建设规划的通知》，财政部和民政部也联合发文支持互助养老的发展，民政部也在 2017 年和 2019 年分别针对人大代表对加强养老服务政策扶持的关切进行了专门的回复，但以上均停留在政府的文件层次，并没有上升到制定法律法规的层面。权威性法律法规的缺失导致互助养老的发展处于各自为政的状态，各省根据自身情况出台

不同的政策文件自主推行互助养老的发展。一方面，互助养老的发展缺乏法律法规的保障；另一方面，各级政府也无法合理地调配资源为互助养老的发展提供经济和政策方面的支持。所以，当务之急就是国家应加强互助养老的顶层设计，把互助养老纳入养老体系建设中来，努力推动互助养老的法制化进程。①

具体而言，可以分为三个层次：首先，坚持"立法先行"的原则，由全国人民代表大会出台关于互助养老的法律，通过较高层级的立法来确保互助养老在社会经济生活中的地位。对于互助养老来说，相关法律应将互助养老场所作为完善我国养老服务体系的重要组成部分，这也是确认和保障老年人权益的一项措施。此外，相关法律还应对互助养老的资金投入、服务标准、考核监督等方面进行制度化设计。② 这种制度化设计应该尽量细化，可操作性要强，以避免实际操作中由于政策过于笼统而出现互相推诿的现象。

其次，各省结合自身情况建立健全互助养老的地方性法规。我国地广人多，地区差异巨大，东中西部各有不同的省情地情，全国人大出台的法律只能对互助养老的发展进行框架性的规定，难以兼顾不同地方的特殊情况。所以，应由各省根据自身情况出台更为详细的、针对性更强的互助养老法规。以河南省为例，由于河南省为农业大省，农村地区比重较大，且农村社区的经济基础比较薄弱，难以依靠村庄的自身力量来完成互助养老场所的建设和运营管理工作。所以，河南省政府要在资金筹集、管理主体、权利义务、监督评价等方面制定详细的法律规定。

最后，各级地方政府要结合自身情况制定互助养老的地方性规章制度。每个省有自己的省情，每个市也有自己的市情。同一个省内的不同地市之间也存在着经济、文化等方面差异，也应该在政策制定上体现出各自的特色和优势。各级政府可以通过地方性规章制度发挥引导和激励作用，如鼓励民间资本进入互助养老领域、可以在减免税方面给予一定的优惠

①②　耿卫新. 河北省农村互助养老发展问题研究［J］. 统计与管理，2014（12）：47－49.

等。总之，应该建立健全互助养老方面的法律、地方性法规和地方性规章制度，从国家—省—市的层次出发构建一个覆盖全国的法律制度体系，为互助养老的发展提供全面的法律保障。

第二节　支柱性解决策略：　加大政府财政投入力度，构建互助养老良性运行的资金渠道

在乡村振兴的大背景下，对互助养老的定性应该有所变化，以往政府部门更多的是从社会救济的角度来看待互助养老的发展，但当下的情况，政府部门更应该从社会福利的角度来支持互助养老的发展。目前，互助养老模式采用"政府投入、集体支持、个人捐赠"的资金保障模式。政府要加强互助养老模式的财政保障，加大财政投入，设立专项资金支持互助养老事业的发展。但互助养老的发展也不能完全依靠政府的财政支持，要建立多元化的筹资机制，拓宽资金注入渠道，鼓励多元社会力量参与互助养老服务。包括为互助养老的良性运行提供物质和资金支持的企业提供税收优惠，形成多形式、多渠道、多层次的资金支持模式等。

一、明确政府的兜底责任

养老服务具有公益性的特点，说明养老服务在传统金融市场上难以获得充足的资金支持。而为了老年人获得所需要的养老服务，政府必须干预养老服务领域，并为具有公益性质的养老服务模式提供必要的财政支持。政府的财政支持可以通过向互助养老场所提供建设和运营资金来实现。同时，政府还应根据互助养老场所的规模、数量和人员配备情况，为互助养老场所的日常运营提供资金支持，确保互助养老场所的可持续运营。

需要指出的是，政府推行"互助养老"并不是推卸责任，恰恰是政府

明确自己的职能定位和承担相应责任的表现。养老社会保障体系的建立和完善是一个系统性工程，养老社会保障体系应当包括多元化的养老形式，包括家庭养老、社区养老和机构养老等。而互助养老就是养老社会保障体系中的一个组成部分，推行互助养老，为更多老年人提供适当的养老服务，提高其晚年的生活质量，这表明了政府正在尽力地履职尽责。

重要的问题是政府如何做才能使得互助养老的效果得到有效的提升，基于此，政府的作用应该是在宏观上对互助养老的发展给予支持和引导，把具体的微观事务的管理委托给基层组织。政府强调监督和指导，相对地，应把直接管理放在次要位置。直接管理的主体应是社区或村委会，社区或村委会应当因地制宜，形成适合当地老年人需求的具体养老服务内容和养老服务形式。在政府层面，首先将互助养老纳入养老社会保障体系，确保其在法律保护和监督下稳定可持续发展。在建设和推广过程中，政府要给予资金支持，并为互助养老事业的发展提供科学规划和政策指导；其次是为互助养老事业发展和基层组织管理提供专业培训和指导，解决养老服务专业化不足的问题，为互助养老事业的顺利发展创造适宜的社会环境；最后，通过制定政策和激励机制，让社会福利机构等社会力量参与互助养老的建设和管理。

二、构建长效资金投入机制

（一）深化资金整合力度，加大政府财政投入

目前已经采取的项目整合、捆绑有关部门资金、发放运营补贴等筹资方式，能够暂时缓解互助养老资金短缺的矛盾。但是在实际运行过程中，往往存在相关资金难以及时发放到位的问题，资金的滞后导致互助养老的发展缺乏稳定的资金链，容易使得互助养老场所的运营缺乏资金保障，以至于出现难以可持续运行的现状。基于此，必须继续深化资金整合力度，增加项目补贴，形成稳定的资金注入机制，实现互助养老场所的可持续运

行，主要从增加政府财政资金投入方面入手，继续不断深化项目整合的力度，继续增加与民政部门、财政部门、住建部门等的资金联系，尤其要保障互助养老运营资金的可持续性，为互助养老的发展提供稳定的资金链。

那么，政府需要投入多少资金来保障互助养老实现可持续发展呢？以农村幸福院为例，根据统计，2019年第四季度中国村委会数量为53.3万个，目前，我国村委会呈现逐年递减的态势。以此数字作为测算标准，应该可以满足未来中国农村幸福院运行所需资金的要求。根据实地调查可知，一个农村幸福院最少需要一位院长负责日常管理和服务工作，其月工资介于500～2000元之间，年平均工资0.6万～2.5万元。按照此数量测算，考虑到一类和二类农村幸福院大概占总体的比例为50%，则我国所有的农村幸福院每年运行经费介于27亿～88亿元之间。我国有34个省级行政单位，按照平均值计算，每个省份需要0.8亿～2.6亿元的资金就可以实现农村幸福院的正常运转。

虽然当前政府部门对农村幸福院的界定是互助养老服务场所，缺乏合适的法人地位，难以对其直接进行财政拨款支持。但从乡村振兴的角度出发，从发展社会福利的视角来看，从城市反哺农村的趋势来看，加大对互助养老的财政投入是政府应有的责任。因此，可以从乡村振兴的资金中拨出一部分成立农村幸福院发展专项基金，这样就可以确保农村幸福院正常地运转，不仅可以为广大的农村老年人提供养老服务，而且避免了大量的资源浪费。目前，有些省份已经在采取这种做法，把扶贫资金拨出一部分用于对农村幸福院的运营经费，并获得了较好的效果。

另外，省级政府可以统筹上级各种资金，采取以奖代补的方式对农村幸福院进行资金支持。以奖代补的方式可以绕过现有法律制度的障碍，避免出现财政资金违规发放的问题。对于省级财政来说，这笔钱并不算大的负担，这样还可以避免给下级政府增加财政负担。

当然，更好的方式是在相关法律法规完善的情况下，政府可以依法对农村幸福院等互助养老机构或场所进行财政资金的补贴，把该补贴资金纳入各地政府的财政预算中，就可以较好地保障农村幸福院等互助养老场所的运行资金需求。

（二）努力壮大集体经济，增强互助养老事业的造血机制

在扩大资金来源方面，还可以通过发展壮大集体经济，加大经济组织资金投入，以增加对互助养老的资金支持力度。以农村幸福院为例，在乡村振兴的大背景下，村集体还可以立足本身，通过发展特色产业来不断扩大农村幸福院可持续运营的资金来源，从而使得农村幸福院的资金获取机制由输血机制转变为造血机制。比如，引进优秀电商人才，讲授电商知识供本村村民学习，村民可以利用互联网发展电商经济，销售各种农副产品，壮大村集体经济，村集体可从中抽取部分资金用于农村幸福院的发展项目，为其长远运行提供后备资金。

（三）倡导社会捐赠风潮，构建社会组织资金投入机制

新形势下随着农村土地流转的不断推进，乡镇企业、农业合作社、家庭农场或种粮大户，成为参与乡村社会治理的重要力量，理应积极参与到农村幸福院事业中来。同时，政府应对参与幸福院建设的涉农企业进行适当的税收减免。

另外，政府还应积极培育良好的社会捐赠环境，鼓励企事业单位、社会团体、个人加入互助养老建设中来，倡导为互助养老事业捐款捐物，并为捐赠积极性较大的组织与个人颁发荣誉证书，提高其捐赠的积极性，产生良好的社会风尚，以便于引导更多社会力量参与互助养老的建设与发展。

从互助养老的实践经验看，运行资金的不足对互助养老的可持续发展带来了巨大的挑战。因此，为互助养老构建起一个长期稳定、多元化的资金投入机制是非常有必要的。相对于家庭养老和机构养老等模式来说，互助养老所需资金投入较少，具有低成本高效益的特点。各地政府可以根据当地情况制定资金投入预算方案，从制度层面保障互助养老的资金供给。在以上资金渠道中，目前起到主要资金渠道作用只能是政府的财政投入，

相比之下，集体经济的资金补助和社会捐赠资金则处于辅助性地位。当然，当集体经济做大做强之后，集体经济可以为互助养老的发展提供更多和更持久的资金支持，有可能出现集体经济的资金投入超过政府的财政投入水平的状况，但即便如此，政府的财政投入仍具有非常重要的支柱性作用。随着互助养老事业的发展，当越来越多的老年人注意到互助养老事业带来的益处时，老年人可能会愿意付费购买一部分养老服务，那么，互助养老的资金来源渠道可以扩展到个人收费范畴。需要注意的是，互助养老的有偿服务项目，不能采取一般商业养老机构的利益最大化的营利原则，而要采取能体现公益性质的收支平衡的原则，综合权衡互助养老发展实际和民众的经济收入状况，达到政府、百姓的双赢局面。

第三节　辅助性解决策略：通过健全内部管理制度等措施促进互助养老的良性发展

一、健全互助养老的内部管理制度，加强绩效评估体系建设

（一）健全互助养老的内部管理制度

虽然互助养老有不同的形式，但无论互助养老采取何种形式，其健康发展也必须处理好自身存在的管理问题。以农村幸福院为例，幸福院的稳定持续运行，离不开健全的内部管理制度。幸福院的内部管理制度的完善，应由村两委负责。首先，村两委应制定详细的入院协议书，老年人入住前，其本人、子女或其他亲属与村集体签订协议书，协议应至少包括各方的权利义务、幸福院提供的服务内容、意外事故处理办法、违约责任，避免产生纠纷。其次，村两委应完善建档机制，为每一位入住幸福院的老

年人建档立卡，主要包括个人基本信息、赡养人基本信息、健康状况等，提高信息化管理的水平。最后，村两委应尽快完善幸福院内部规章制度，包括财务管理制度、卫生检查制度等。此外，还应该加强以下几个制度方面的建设。

一是加强互助养老服务内生动力的反馈激励制度。比如，可以制定多层次的表彰奖励制度，适度满足参与互助养老的老年人个性化、多样化的需求，让获奖老年人感受到社会的尊重和赞赏，激发老年人参与互助养老的积极性、主动性和创造性。

二是建立互助养老服务规范运行的招募登记制度。招募登记制度既是引导具有共同服务能力、热情的老年人加入互助养老的第一步，也是互助养老模式有序运行的必要保障。在招募工作的前期，要明确公布互助养老志愿服务项目内容、需求数量和基本条件，利用广播、公告板或手册大力宣传，鼓励老年人主动参与，并提醒和解释志愿服务过程中可能存在的风险。

三是构建加强互助养老服务质量的培训制度。只有积极建立互助养老的教育培训体系，拓宽培训载体，向老年志愿者传授新知识、新技能，释放老年人的主动性和积极性，组织开展内容丰富的互助服务，才能让老年人的各项服务技能得到有效地提升。培训包括两个层次：一个是对新成员的培训。培训内容包括互助养老服务的精神和理念、互助养老场所的性质和组织结构等；另一个是对老成员的专业培训。对血压测量、权益保护、疾病急救等专业要求较高的服务项目，还需要聘请具有专业理论知识和技术能力的合格专业人员对老年人进行技能培训，必要时邀请有关方面的专家指导实训。

（二）加强绩效评估体系建设

1. 建立健全监督评估机制

为了保障互助养老模式的顺畅运行和服务质量，有必要建立互助养老的监督和评估机制，设立专门的监管部门对互助养老活动进行监督和检查，这有利于该模式运行的透明度和公平性。提高互助养老服务水平和质量，确保互助养老模式顺利运行。首先，政府部门应当对互助养老开展制度化的评估和监督，这主要体现在政府对互助养老的政治监督上。政府应制定相关监管规则，明确各方的权利和义务，为监管提供依据。其次，在互助养老体系中建立专门的监管机构和制度，对互助养老的运营环节和参与成员进行监管，包括成员申请审核、资金的分配和日常管理活动安排等。另外，还需要对参与互助养老的人员开展监督，以提高互助养老服务的运营管理能力。最后，可以组织专人对服务对象进行跟踪调查，了解老年人对互助养老服务的满意度，了解互助养老服务的现状和存在的问题，评估互助养老成效，并解决互助养老服务中存在的问题。

此外，各地由于自身情况的差异，在互助养老建设和运行过程中也存在着差别，例如互助养老的建设规模、服务内容等，都会影响到互助养老的服务效果。因此，政府还应对互助养老开展分级、分类管理。在监督评估方面应进行省级统筹，对不同类型互助养老模式的基本情况和运行状况进行全面排查，建立省级互助养老管理系统，及时录入并实时更新数据。省级民政部门应尽快出台互助养老等级划分与评定标准，县级民政部门应按照省级民政部门制定的标准，对县域内的互助养老进行等级评定，并按照不同等级开展分类指导，推进互助养老的标准化建设。同时，实施行业监督与群众监督相结合、内部监督与外部监督相结合措施，充分参考参与老年人的评价意见，畅通群众意见表达与反馈渠道。此外，应建立互助养老等级评定与运行奖补挂钩机制。由省级部门根据各地互助养老的评估成绩来分配奖补资金，对运行良好的互助养老场所予以适当奖补，发挥资金激励引导作用，调动各地发展互助养老模式的积极性。

2. 建立健全综合性评估体系

互助养老的健康发展还需要建立健全综合性的评估体系，该体系的建立应包括以下两个方面：一是自上而下的政府评价体制。政府可以对基层组织开展绩效评估，评估县、乡、村三级管理体系的运转效率，评估基层社区对互助养老的管理效果，并予以及时的督导和整改。二是自下而上的群众性评价体制。互助养老的目的是解决老年人的养老困境，互助养老场所中的老年人对互助养老的效果最有发言权。只有将群众的满意度和基层组织的绩效评价结合起来，才能对互助养老工作绩效进行全面的评估。

3. 建立健全志愿者激励与评估机制

发展互助养老模式的核心内容是确保互助养老服务的持续化提供，而基于目前志愿者在互助养老服务中所发挥的重要作用，这就需要加强养老服务提供者即志愿者的建设力度。首先，宣传和鼓励现有志愿者参与时间银行等互助养老模式，成为时间银行系统的志愿者和时间银行服务提供者的骨干。其次，还应该吸引新的志愿者加入时间银行。青年和老年群体以及学生群体将是不可或缺的力量，青年和退休后的老年人有足够的闲暇时间提供养老服务，应充分发挥青年和老年群体的力量，为社区人力资本的整合和利用做出贡献。因此，有必要大力推广时间银行模式，培养老年人的互助养老意识，并采取积极措施鼓励年轻人参与时间银行的互助养老活动。此外，学生群体是一个大规模社会群体，具有服务热情和服从管理的特点，政府应指导高校开展课程思政教育活动，通过优先入党、颁发荣誉证书、物质奖励等激励措施，鼓励学生参与时间银行等互助养老模式。最后，还应该通过各种方式推广时间银行等互助养老模式，以吸引更多人加入时间银行，不断扩大志愿者队伍。

而志愿者激励与评估机制的建立有利于鼓励志愿者积极参与时间银行等互助养老模式，提高参与者的积极性，吸引更多人参与互助养老，保证服务质量。因此，我国必须建立志愿者激励和评估机制，确保养老服务的供给和质量。首先，根据志愿者的服务年限，对会员的荣誉等级进行分类。服务时间越长，荣誉等级越高。根据不同的荣誉等级给予物质和精神奖励，有利于鼓励志愿者积极为老年人提供服务；此外，还必须建立服务评估体系。当志愿者向服务对象提供养老服务时，服务对象对服务提供者提供的服务进行评估，并根据不同的评估等级对志愿者进行奖励。当然，如果评估水平不尽如人意，就必须采取制裁措施，如没收存储的时间记录并对志愿者进行培训等。

4. 建立健全互助服务兑换和评估机制

在大数据、"互联网＋"等现代网络信息技术飞速发展的背景下，时间银行互助养老服务的发展需要开发一个时间银行信息管理平台，一个完善的信息管理平台，有利于会员信息的存储和时间银行账户的记录保存。通过服务供需的快速匹配和双方的评价反馈，为时间银行互助养老模式的实施提供平台，促进时间银行互助养老模式的科学发展。

还应建立一套完整的时间银行信息管理系统，如时间银行互助养老网络管理系统，包括会员注册、服务申请发布、志愿服务受理、时间货币兑换、双方评估等。时间银行向双方提供个人信息，包括志愿者信息数据库和社区老年人信息数据库。时间银行信息网络管理系统可以促进时间银行模式的稳定运行，双方的个人信息数据库服务也有助于提供针对性的匹配服务，以满足老年人的需求。总之，完善的时间银行信息管理系统有助于提高时间银行互助养老模式的运行效率，为时间银行互助养老模式的运行提供强大的平台。

对于时间银行互助养老模式来说，建立健全时间货币的服务存储和兑换标准是至关重要的，这有利于保护志愿者的合理权益，减少服务过程中的时间货币存储问题和纠纷。首先，统一志愿服务活动的时间货币标准，同一总部不同分支机构开展同一类志愿服务应该采取相同的积分标准，以避免会员质疑时间货币兑换标准的权威性，影响会员参与社区志愿服务活动的积极性。其次，根据不同的服务项目类型、不同的服务强度、不同的服务难度和不同的服务时间，将其划分为不同的服务级别。对于不同的服务级别，时间货币的存储和兑换系数也不同。最后，要在时间货币和人民币之间建立合理的兑换比率，为时间货币的自由兑换提供依据。

时间银行互助养老模式的有偿性质决定了该机制的运行必须建立一个相对公平的交易评估机制。不同类型的服务在同一时间具有不同的价值和不同的服务质量。特定任务的时间货币数值由发布者确定，并由服务提供者自主选择。发布者应根据市场价值定价，最大限度地凸显出自己的任务，以确保时间银行运作中的供需平衡。通过交换获得的时间货币可以有个性化的选择空间，可以用来交换相应的服务和产品。

二、提高社会参与力度，充分整合社会资源

政府不能直接参与互助养老场所内部的运行和管理事务。基层组织虽然借助其行政地位，具有组织上的绝对优势，但如果参与互助养老服务，势必会分散基层组织的资源，并导致基层组织难以把大部分资源聚焦于其主要任务。所以基层组织的最合适的角色应是协同管理者、资源协调者，而非具体的服务提供者。而社会组织可以在互助养老模式中发挥出重要的作用。因此，依据社会支持理论，应大力培育社会组织，引导社会组织参与互助养老模式的运行中来。第一，鼓励外部非营利机构、社工组织加入互助养老模式的运营服务中，充分发挥这类组织的专业性和组织能力。可以通过政府购买的形式，让这类组织参与对院内老年人互助、自助培训等事务。同时，建立针对社会组织的工作绩效评估机制，评估达标的社会组织可以继续承接互助养老服务。第二，在基层社区内部成立村民小组、志愿团队等自治组织，将各类人力资源的闲置时间充分利用起来，在参与助老服务的同时也宣传了互助的理念。第三，探索与基层医院、养老机构以及社区卫生室合作。可以将养老机构作为互助养老场所管理人员的培训平台，也可以聘请专业医护人员定期对互助养老场所中的老年人进行护理方面的培训，有条件的基层社区也可以探索委托养老机构运行的管理模式，支持专业养老服务组织规模化、连锁化托管运营互助养老场所。

还应加强社区（村）的管理和服务功能。互助养老一般以城市社区（村）为基本单位，与毗邻而居的老年人相互照顾、互助服务和彼此支持，使一部分老年人得到生活层面上的照料和精神层面上的慰藉。社区（村）组织作为互助养老的一线组织者和管理者，应加强所辖互助养老服务基础设施和文化设施建设，定期组织丰富多彩的文体活动，丰富老年人的精神生活。

获得家庭的支持与合作也很重要。当传统的家庭养老模式不能充分有

效地满足老年人的需求时，互助养老作为一种新的养老模式逐渐出现，但这并不意味着互助养老不再需要家庭的支持与合作。相反，家庭在解决老年人的生活照料和精神慰藉问题方面的作用是不可忽视和不可替代。老年人子女要切实履行照顾父母的义务和责任，尽量多花时间陪伴父母，最大限度地支持和理解父母参与互助养老活动，以有效地促进互助养老事业的发展。

此外，还可以引导老年社会工作介入，以更好地整合养老资源。互助养老不仅可以减轻政府、社会和家庭的压力，而且还可以减轻老年人的负担。同时，还可以对闲置的社会资源进行整合和利用。老年社会工作介入互助养老中，可以发挥社会工作者的专业素养和能力为参与互助养老的老年人提供更多高质量的服务，让广大老年人感受到更多的幸福感。按照"助人自助"的原则，做好老年人权益保护、心理咨询、生活照料、医疗保健、精神慰藉等工作。特别是对于高龄老年人和失能老年人而言，更要提供周到、高效的互助服务，提高互助服务的连续性和稳定性，以不断提高老年人互助服务的质量和水平。

另外，还应进一步规范老年协会建设。老年协会是互助养老模式实现自主治理的重要依托。不过，很多老年协会难以发挥出真正的作用，主要是因为老年协会规章制度不太健全。因此，政府有必要对老年协会加强指导和扶持，主要包括两个方面：一是加强组织管理。政府要开展老年协会规范化建设，督促提升老年协会的组织管理能力。政府应对部分符合社会组织登记条件的老年协会直接进行登记，纳入政府日常管理。对其他不符合登记条件的老年协会进行备案，确保其依法开展活动。同时，完善协会内部管理制度，建立健全老年协会的学习、活动、财务等管理制度。二是加强技能培训。政府要安排专项培训资金，对老年协会骨干进行技能培训，通过现场教学和案例教学，为老年协会提供专业支持，发挥其在互助养老中的积极作用。

可以说，没有个人、私营企业、志愿组织和各种非政府组织的支持与参与，就不可能实现互助养老的健康发展。因此，各级政府要加强对社会力量的鼓励和动员，吸引社会力量参与老年人互助养老，更好地为老年人服务，减轻各级政府和老年人家庭的负担。同时，为了提高互助养老的社会化水平，还要积极搭建互助养老的网络平台，实现线上线下的密切互动，最终达成互助养老服务的供需平衡。

三、加强基层社会组织建设，支持扩大有效供给

党的十九大报告中有关于"加强基层组织建设"的专门阐述，强调要把"基层党组织建设成为宣传党的主张、贯彻党的决定、领导基层治理、团结动员群众、推动改革发展的坚强战斗堡垒"。农村基层组织在政府和民众之间发挥着桥梁和纽带作用，是非常重要的政策执行者和民众组织者。但是近年来，随着城镇化和工业化进程的加快，农村人口的创收机会明显增加，村干部身份和工资的吸引力相对降低。此外，村务工作耗费时间，草根精英更愿意外出打工挣钱。在更高经济收益的驱动下，越来越多的村干部选择"弃官从商"，导致农村内部面临着严重的人才短缺问题。所以，首要任务就是要加强基层组织建设，以不断提高互助养老良性发展的内生动力和解决问题的能力。具体而言，包括以下几个方面：

一是加强基层党组织建设。以强化政治职能、提高组织力量为重点，继续整顿薄弱、松散的基层党组织，优化党组织设置，建设党的活动阵地。加强基层党组织的基本保障，确保基层党组织有专人负责、有钱办事和有固定场所等，推动基层党组织全面进步和全面完善，努力把基层党组织建设成宣传党的思想、落实党的决定的坚强战斗堡垒。

二是落实基层党建责任。围绕中心工作和重点任务，建立健全基层党建责任制，制定基层党建责任表，完善基层党建的考核评价体系，有效解决党的建设领域突出问题，推动党的全面严格治理向基层推进。

三是发挥党员的先锋模范作用。党员是基层组织建设的主体，是党的工作实施的骨干。推进互助养老建设离不开党员的作用，继续深化党员思想政治教育，不断创新党建工作方法，教育引导党员深入宣传党的政策，

自觉践行社会主义核心价值观，引领民众创业发展，帮助群众解决问题，积极参与基层社会治理，架起党员与群众的联系桥梁，带动老年人参与到互助养老的建设和运营中来。

四是凝聚各方力量。巩固和完善传统党支部建设的领域，同时，不断拓展新经济组织、新社会组织等领域的党组织建设，充分发挥基层党组织在新经济组织、新社会组织等领域的领导作用，将组织优势转化为促进党员创业致富、促进集体经济振兴的发展优势。

五是提高党组织领导基层治理的能力。坚持党建领导基层治理，建立健全现代社会治理体系，加快治理体系建设。坚持自治、法治、德治相结合，深化民众的自治实践，加强道德评价会、红白会、禁毒禁赌等各类合法群众自治组织建设，推动新乡贤等人才参与农村治理，确保社会充满活力、稳定有序。

四、营造互助养老良好氛围，转变民众养老观念

（一）加大互助养老宣传力度，引导民众转变养老观念

在城市化的冲击下，农村独居老年人和空巢老年人将长期存在。老年人的养老需求仍将是农村养老服务的重要组成部分，但受传统孝道文化的影响，家庭养老在农村社会发挥着主导作用。老年人的互助观念和参与互助养老的行为不易被子女所接受。在加强政策和资金支持后，政府应积极宣传互助养老新型模式的优势，引导民众转变养老观念。

农村居民养老观念的转变，有利于老年人融入农村幸福院，使子女摆脱让父母住进养老院违背子女孝道的舆论制约，重塑农村居民养老观念。在社会领域，主要是通过农村幸福院的良好效果以及媒体的正向传播来实现的。通过现有幸福院良好绩效的宣传，让村民对农村幸福院养老模式有直观的感受，进而产生信任感。而对这种模式的信任不仅能消除老年人心理上的顾虑，而且还能为老年人们营造一种舒适的感觉。

（二）弘扬传统孝道文化，促进家庭责任回归

在中国传统社会，家庭一直是老年人生活保障的重要载体，是老年人养老资源的最重要的提供者，养老是家庭成员的重要责任。在现代社会，无论是老年人主观意愿还是实际行为，家庭依然在养老服务中发挥着首要作用。从幸福院实践效果来看，农村幸福院通过老年人互助养老，确实能够减轻子女的负担，但这并不意味着子女可以逃避赡养父母的义务。相反，政府更应该积极倡导子女赡养老年人的义务。第一，应大力宣传"孝"文化。通过宣传标语、广播、宣传栏等形式，营造"百善孝为先"的文化氛围，为幸福院的发展厚植敬老爱老的文化土壤。第二，子女应尊重老年人入住幸福院、参与互助养老的意愿，转变让老年人入住幸福院就是不孝顺的观念。第三，通过签订协议，规定子女为入住老年人应提供的衣食住行基本物资，以及应探访的次数，以契约形式保证子女履行应尽的赡养义务。第四，通过开展孝心子女评选等表彰活动树立榜样，同时，惩治欺老虐老弃老现象，对错误言行进行公开批评。

（三）培养老年人互助理念，增强其互助能力

为老年人创造继续参与社会的机会，激发他们积极参与社会的意愿，对于老年人寻求生命的意义和价值具有重要意义。但是，当下很多关于老年人价值无用论的观点仍然盛行，老年人常常被视为家庭和社会的负担，这种负面的社会环境容易消除和抑制老年人参与社会的积极性。而互助养老模式可以为老年人提供一个平台，帮助老年人积极参与社会，有助于其实现自身的价值。

一方面，老年人应该有长远的眼光，放弃只考虑眼前利益的想法。除了获得良好的声誉，为他人服务还可以积累"社会资本"，帮助他人可以在未来让自己得到帮助。因此，老年人应根据自身特点，尽可能多地为其他需要养老服务的老年人提供养老服务。

另一方面，也需要帮助老年人树立积极正确的互助理念，这是推进互

助养老模式发展的重要前提。针对当前很多老年人对互助养老认知不全面、不深入的问题，应从以下几个方面进行着手：

第一，进一步宣传互助养老理念。首先，应充分利用先进技术和传播媒介，在全社会多角度、多形式、多渠道宣传互助养老事业的重要性。老年人的养老观念不仅受自身传统思想的影响，同时也是全社会养老氛围影响的结果。因此，一方面，地方政府可以在政策、资金和场所上对老年人给予鼓励和支持。并为互助养老的发展提供政策支持和法律保障。另一方面，积极宣传互助养老的重要价值，在评选"模范道德人士""最美家庭"等荣誉称号时，以道德义务为伦理原则，加大对老年人及其家庭的互助的评分权重，加强对其互助养老行为的宣传，不断提升老年人的道德修养水平，在老年人中弘扬互助友爱的传统美德，营造团结、和谐、互助的良好氛围。在宣传的过程中，鉴于老年人具有深厚的传统养老思想，应尽量采取老年人易于接受的方式，如戏曲、快板等艺术形式，以老年人喜闻乐见的方式传播互助养老理念。其次，大力宣扬积极老龄化的思想，鼓励老年人正视自己的价值，勇于在日常生活中帮助其他老年人。此外，引导其他社会成员支持这种行为，而不是将老年人参与互助养老视为无事生非。最后，在新时期，我们要重视新型互助养老文化的推广和普及，以改变传统的孝道文化观念。通过宣传时间银行和"互联网＋"互助养老模式来不断提升老年人参与互助养老的意愿。

第二，加强对参与互助养老的老年人的培训，增强其自助和互助能力。通过与专业社会组织、养老机构、乡镇医院、社区卫生室等部门合作，对参与互助养老的老年人进行专业医疗卫生、护理照料方面的知识和技能方面的培训，拓展老年人助急、助医等方面的互助知识，不断提高其互助与自助能力，更好地促进互助养老内部的正向循环。

第三，鼓励老年人积极参与互助养老活动的日常管理工作。老年人应成立自治委员会，积极讨论决定互助养老活动内容等重要事务，积极参与对互助养老服务的评估，增强自我组织、自我决定和互助服务的能力。当然，政府部门还要监督和引导老年人的互助养老行为，完善惩处机制，杜绝不付出、只索取的不良行为的发生，为互助养老的发展提供全面的保障。

五、构建"智慧化"的供需相适应的互助养老体系

老年人的需求调查跟踪和养老资源的整合是一项工作量比较大的工作，农村专门从事老年人服务的人员是有限的。因此，必须创新方式方法。现代社会是一个信息社会，"互联网＋"的技术应用无处不在，2019年由中共中央办公厅、国务院办公厅印发的《数字乡村发展战略纲要》中指出，数字乡村是建设数字中国的重要内容，要加快农村经济社会的网络化、信息化和数字化发展。并且要注重对政策体系的构建，重视灵敏高效的现代乡村社会治理体系的构建。基于此，应该充分发挥好互联网的作用。

（一）通过"互联网＋"实现老年人养老需求的"智慧化"传输

从老年人的实际需求出发，利用互联网云平台实现互助养老需求与供给的有效对接，实现养老资源的最优化整合，使广大老年人享受更精准的养老服务，让老年人有更多的获得感。大数据时代已经到来，互助养老服务也需要大数据的支撑，这就需要多方合作和共享。由政府主导，联通各大数据终端的数字化中心，搭建互助养老模块，开发应用终端。例如，建立远程医疗平台等，通过云检测等互联网手段，实现线上专家共同会诊，使老年人的医疗需求得到快速满足，有助于破解诊所和医院距离互助养老场所过远而带来的治疗不便困境。同时，在建立数据的中心平台后，在老年人的需求端，可以通过现代的智能技术，通过佩戴智能设备动态监测老年人健康体征，对于低龄的老年人培训使用手册，通过智能手机等连接，直接输入各项在需求数据，对于一些高龄老年人则可根据需求配备简单化操作的需求按键和一键医疗服务。利用传输技术将各项信息传递到平台，来实现老年人需求的动态掌握。

（二）通过"互联网＋"实现"智慧化"养老资源的精准供给

在"互联网＋"的环境下，社区需要建立基于信息网络技术的老年人健康安全监控系统，并使用一些智能设备来确保系统的完整性。对于社区中的老年人，必须有针对性地佩戴一些智能设备，如便携式生命体征监测仪，以便老年人在遇到危险时能够迅速寻求帮助；同时，迫切需要为处于危险中的老年人搭建一个平台，加强他们的自助和互助能力。社区服务平台和老年人自助干预系统的建设与整合也是亟待加强的部分。社区平台的建立使老年人能够与社区其他老年人进行沟通，在发生事故时可以提供帮助，从而缩短救援时间。这些智能设备可以在老年人的日常生活中发挥重要作用。它不仅可以实时监测老年人的健康状况，随时测量血压、体温等健康指标，还可以与社区信息平台同步数据。当老年人相关指标出现异常变化时，平台会及时报警，及时定位 GPS，确定老年人的位置。

互助养老场所也同样可以利用智能化的平台，实现对养老资源的管理。一方面，可将各地互助养老场所等纳入智能化管理平台，这也方便了上级组织的监管，同时将互助养老资源的供应情况提供给相应的管理部门，也为上级政府部门及时调整相关决策提供了便利。另一方面，通过互联网平台直接对接老年人的互助养老需求，实现资源与需求的动态匹配。同时，通过数据监测，互助养老场所管理人员能及时掌握老年人的生理状况，及时发现老年人的生理意外，也能及时地提供相应的养老服务。对于老年人的安全医疗需求，也可通过区域化平台的搭建，实现县、乡两级医疗资源下沉到村和社区一级。而关于老年人各项保健知识的需求，也利用智能终端播放相关知识以满足老年人的这类需求。

在新形势下，还应该积极推进政府在"互联网＋"互助养老管理方面的改革与创新。政府必须与时俱进，重视数字资源，积极利用大数据技术。在数据驱动下，政府应强化数据意识，结合实际情况，利用大数据和大市场的双重驱动力，对相关数据进行深入的分析和调查，建立动态的管理机制，为关于"互联网＋"互助养老的决策奠定基础。

　　综上所述，面对主要由运行资金不足带来的互助养老实践困境，首先，应通过政府财政资金的持续投入盘活互助养老现有的闲置资源，并通过多种方式提高互助养老资金投入的连续性；其次，通过加强政策和法律保障体系建设来提供互助养老良性发展的制度保障；最后，通过内部管理制度等方面的完善来提高互助养老可持续发展的内部动力。三者结合在一起，共同推动我国互助养老实现良性发展。

附录1

农村互助养老调查问卷

您好！我是河南财经政法大学社会学院的教师，我们正在进行一项社会调查，目的是了解当前农村互助养老的一些情况。请您放心，所有资料仅做学术研究，不会泄露您的任何隐私，谢谢您的支持！

请在下面问题的答案前面打"√"，后面标识多选题的可以多选，其他均为单选题。

1. 您的性别？

A. 男　　　　　　B. 女

2. 您现在居住的农村位于下面的哪个地区？

郑州、开封、洛阳、平顶山、安阳、鹤壁、新乡、焦作、濮阳、许昌、漯河、三门峡、南阳、商丘、信阳、周口、驻马店　外省

3. 您的年龄？

A. 25岁及以下　　B. 26~40岁　　C. 41~55岁　　D. 56岁以上

4. 您的受教育程度？

A. 小学及以下　　B. 中学　　　　C. 专科　　　　D. 本科

E. 研究生

5. 您的婚姻状况？

A. 未婚　　　　　B. 初婚有配偶　C. 再婚有配偶　D. 离婚

E. 丧偶　　　　　F. 同居　　　　G. 其他

6. 您的民族？

A. 汉族　　　　　B. 少数民族

7. 您的政治面貌？

A. 中共党员　　　B. 共青团员　　C. 民主党派　　D. 群众

E. 其他

8. 您的身体健康状况如何?

A. 非常健康　　　　B. 比较健康　　　C. 一般　　　　　D. 不太健康

E. 很不健康

9. 您的个人年收入多少?

A. 15000 元以下　　　　　　　　B. 15001 ~ 25000 元

C. 25001 ~ 40000 元　　　　　　D. 40001 元以上

10. 您目前主要收入来源?

A. 子女供给　　　　B. 劳动收入　　　C. 保险救济　　　D. 政府补助

11. 您日常的生活靠谁照顾

A. 自理　　　　　　B. 配偶　　　　　C. 亲戚　　　　　D. 朋友

E. 邻居　　　　　　F. 养老机构　　　G. 子女

12. 您的家庭年收入多少?

A. 30000 元以下　　　　　　　　B. 30001 ~ 50000 元

C. 50001 ~ 80000 元　　　　　　D. 80001 元以上

13. 您对自己家庭经济状况的满意度?

A. 非常满意　　　　B. 比较满意　　　C. 一般　　　　　D. 不太满意

E. 很不满意

14. 在过去 12 个月中,您或您家庭遇到下列哪些生活方面的问题?
(可多选)

A. 住房条件差,建/买不起房

B. 子女教育费用高,难以承受

C. 家庭关系不和 (如离婚、分居、婆媳关系不好等)

D. 医疗支出大,难以承受

E. 物价上涨,影响生活水平

F. 家庭收入低,日常生活困难

G. 家人无业、失业或工作不稳定

H. 赡养老年人负担过重

I. 家庭人情支出大,难以承受

J. 遇到受骗、失窃、被抢劫等犯罪事件

K. 没有这些生活方面的问题

15. 您有没有参加过城乡居民基本养老保险？

A. 参加　　　　　B. 未参加

16. 您对农村现在的养老保障状况的满意度？

A. 非常满意　　　B. 比较满意　　C. 一般　　　　D. 不太满意

E. 很不满意

17. 您认为有子女的老年人的养老主要应该由谁负责？

A. 主要由政府负责

B. 主要由子女负责

C. 主要由老年人自己负责

D. 政府/子女/老年人责任均摊

E. 不知道

F. 拒绝回答

18. 您的家庭成员的关系如何？

A. 非常和谐　　　B. 比较和谐　　C. 一般　　　　D. 不太和谐

E. 很不和谐

19. 您是否了解互助养老？

A. 很不了解　　　B. 不了解　　　C. 一般　　　　D. 了解

E. 很了解

20. 您是否愿意向其他老年人提供生活照顾？

A. 很不乐意　　　B. 不乐意　　　C. 一般　　　　D. 乐意

E. 很乐意

21. 您现在养老最担心的问题？

A. 健康医疗　　　B. 经济问题　　C. 无人赡养　　D. 精神空虚

22. 当您老了之后，您愿意选择互助养老吗？

A. 不愿意　　　　B. 愿意

23. 为什么您觉得家庭养老优于互助养老？

A. 互助养老不自由，发生矛盾拉不下脸

B. 互助养老不贴心，不舒心，生活质量不高

C. 传统习俗就是居家养老，儿女尽孝

D. 其他

24. 您有没有参加过互助养老服务？

A. 参加过　　　　　B. 没有参加过（下面题目不用回答）

25. 您参加的互助养老服务包括哪些内容？（可多选）

A. 室内清洁　　　B. 医疗保健　　　C. 餐饮服务　　　D. 理发卫生

E. 其他

26. 您参加的互助养老服务的频率？

A. 一周两次以上　　B. 一周一次　　　C. 一月一次　　　D. 不定期

27. 您认为怎样的互助养老形式比较好？

A. 时间银行模式　　　　　　　　B. "互联网＋"互助养老模式

C. 农村幸福院模式

28. 您参加的互助养老服务有没有集中活动的场所？

A. 有　　　　　　　　　　　　B. 没有（请跳过下一题作答）

C. 不知道

29. 互助养老服务集中活动的场所有哪些服务设施？（可多选）

A. 餐厅　　　　　　B. 影音室　　　　C. 健身室　　　　D. 洗浴室

E. 娱乐室　　　　　F. 其他

30. 您参加的互助养老服务有没有专门的人员提供服务？

A. 有　　　　　　　　　　　　B. 没有（请跳过下 4 题作答）

31. 提供互助养老服务的人员有没有工资或补贴？

A. 有　　　　　　　　　　　　B. 没有（请跳过下 2 题作答）

32. 提供互助养老服务的人员每月工资是多少？

A. 500 元以内　　　　　　　　B. 501～1000 元

C. 1001～1500 元　　　　　　D. 1501 元以上

33. 提供互助养老服务的人员工资由谁发放？

A. 政府　　　　　B. 村　　　　　C. 社会组织　　　D. 不知道

E. 其他

34. 提供互助养老服务的人员对自身工作的满意度？

A. 非常满意　　　B. 比较满意　　　C. 一般　　　　D. 不太满意

E. 不满意

35. 您参加互助养老服务有多长时间了？

A. 半年以内　　　　　　　　　B. 半年到一年半

C. 一年半到三年　　　　　　　D. 三年以上

36. 您所在的村或社区对互助养老服务支持吗？

A. 支持　　　　　B. 不支持　　　C. 不知道

37. 您所在的村或社区有没有集体经济？

A. 有　　　　　　B. 没有　　　　C. 不知道

38. 您参加的互助养老服务的经费来源包括？（可多选）

A. 政府　　　　　B. 村集体　　　C. 社会组织　　　D. 爱心人士

E. 其他

39. 如果让参加互助养老服务的人员承担一部分费用，您认为应该每月多少钱合适？

A. 150 元以内　　　　　　　　B. 151～300 元

C. 301～500 元　　　　　　　D. 501～700 元

E. 701 元以上

40. 您对自己参加的互助养老服务质量的满意度？

A. 非常满意　　　B. 比较满意　　　C. 一般　　　　D. 不太满意

E. 不满意

41. 您认为当前农村互助养老服务的发展面临哪些困难？（可多选）

A. 资金不足　　　　　　　　　B. 服务水平较低

C. 政府支持力度不大　　　　　D. 群众参加意愿较低

E. 其他

附录 2

互助养老访谈提纲

一、政府部门的访谈

1. 洛阳市民政局推动互助养老建设和发展的背景和过程是什么？

2. 在推动互助养老发展过程中，洛阳市政府出台了哪些政策和规定？

3. 在互助养老发展过程中，政府遇到了哪些问题？怎么解决的？

4. 目前，洛阳市互助养老的发展现状情况？包括互助养老的类型、互助养老的场所数量、规模，入住人员情况、提供服务内容、运行管理情况、考核监督情况、服务成效情况等。

5. 政府对互助养老的支持内容包括哪些方面？尤其是财政投入方面的情况。

6. 洛阳市互助养老的未来发展方向是什么？

二、互助养老场所负责人访谈

1. 互助养老属于什么类型的养老场所？

2. 互助养老场所成立历程是什么？谁先倡导的？政府、村集体、社会场所和村民在机构创立过程中发挥了什么作用？

3. 互助养老场所成立后，如何吸引老年人入住的？目前入住了多少老年人，有哪些基础设施，提供了哪些服务内容？机构的管理制度情况如何？机构的运行管理状况如何？机构的服务效果如何？

4. 目前，互助养老场所存在哪些问题？有哪些因素影响了互助养老场所的运行？有什么解决办法？

5. 目前，互助养老场所的资金来源和支出情况如何？

6. 目前，入住老年人对互助养老场所的评价状况如何？

三、入住互助养老场所的老年人访谈

1. 你为什么想要入住互助养老场所？

2. 互助养老场所入住程序是什么样的？

3. 互助养老场所入住后享受了什么样的服务？

4. 你在入住互助养老场所后，与自己居家生活相比，发生了哪些变化？

5. 互助养老场所的日常生活包括了哪些方面？

6. 你在互助养老场所与其他人发生过矛盾吗？如果有，怎么解决的？

7. 你认为互助养老场所适合自己生活吗？如果满分十分，你对互助养老场所的生活打几分？

8. 你对互助养老场所的改进建议有哪些？

四、未入住互助养老场所的老年人的访谈

1. 你为什么不想入住互助养老场所？

2. 你对互助养老的评价是什么样的？

3. 如果未来有机会，你想入住互助养老场所吗？

五、未开展互助养老活动的村庄负责人访谈

1. 你认为创立互助养老场所会面临哪些困难？

2. 如果有较为充足的资金，你会带头创立互助养老场所吗？

参 考 文 献

［1］丁煜，朱火云．农村互助养老的合作生产困境与制度化路径
［J］．厦门大学学报（哲学社会科学版），2022（1）：1 – 12.

［2］戴建兵，高焰．我国农村互助养老的研究进展和趋势——基于
Citespace 的可视化计量分析［J］．社会保障研究，2022（1）：1 – 10.

［3］孙文中．"时间银行"农村互助养老服务的赋权机制［J］．集美
大学学报（哲学社会科学版），2022（1）：64 – 72.

［4］罗梓燕，王昊龙，磨思延．时间银行互助养老模式社区的运行情
况研究——以广州市 NS 区 DG 镇时间银行服务站为例［J］．老字号品牌
营销，2022（1）：112 – 114.

［5］张乃月．合作治理视域下互助养老的协同困境及路径优化——以
甘肃省 X 区农村幸福院为例［J］．商业经济，2022（2）：148 – 150.

［6］廖梦玲，郑丽芬．"时间银行"嵌入社区互助养老模式研究
［J］．农村经济与科技，2021（24）：218 – 221.

［7］杨彦帆，李蕊．探索"时间银行"模式 倡导互助养老服务［N］.
人民日报，2021 – 12 – 24（019）.

［8］黄晓燕，刘祯妍．社群隔离：城市社区互助养老项目问题研
究——以天津市 S 社区互助养老项目为例［J］．社会福利（理论版），
2020（12）：36 – 40.

［9］肖德莉．浅析赤峰市互助养老参与意愿及影响因素［D］．北京：
对外经济贸易大学，2020.

［10］罗铮，叶清钰，王璠，刘济瑞．乡村振兴的背景下，城乡互助

养老模式的探究——以"某县"互助养老的创新思考为例 [J]. 财经界，2020（9）：243 – 245.

[11] 王敏刚. 农村互助养老服务模式研究 [D]. 武汉：华中科技大学，2014.

[12] 陈伟涛. 农村互助养老的供需矛盾及供给侧改革策略分析——以中原地区为例 [J]. 社会福利（理论版），2021（12）：22 – 29.

[13] 陈松林，樊婷婷，高丽杰. 时间银行互助养老模式发展问题与对策 [J]. 安徽建筑大学学报，2021（6）：88 – 92.

[14] 杨虹. 农村互助养老的现实基础及优化路径探析 [J]. 农业经济，2021（12）：74 – 75.

[15] 徐璇，顾娟，贾朦朦，邢丽华. 需求导向视角下盐城市农村互助养老模式优化策略研究 [J]. 科技资讯，2021（35）：183 – 186.

[16] 蒋军成，袁野. 乡村振兴战略下我国农村互助养老路径优化研究——基于乡村合作金融与养老融合的视角 [J]. 广西社会科学，2021（11）：27 – 32.

[17] 曹静玺，杜智民. 农村互助养老模式：发展逻辑、现实困境与路径优化 [J]. 中国经贸导刊（中），2021（11）：60 – 62.

[18] 张蕾，高爱俊. 基于地域供求视角的江苏省农村互助养老实施对策研究 [J]. 现代农业科技，2021（22）：203 – 205.

[19] 郑军，郭晓晴. 农村互助养老社会基础的新制度主义探索：中日比较及启示 [J]. 山西农业大学学报（社会科学版），2021（6）：44 – 52.

[20] 马凤辉，宋美美. 农村互助养老的发展困境及对策 [J]. 现代农村科技，2021（11）：9 – 11.

[21] 杨康，李放. 自主治理：农村互助养老发展的模式选择 [J]. 华南农业大学学报（社会科学版），2021（6）：56 – 64.

[22] 刘丽杭，徐俊. 公共服务合作生产如何创造公共价值——以 C 市帮乐帮互助养老服务项目为例 [J]. 求实，2021（6）：54 – 70，109.

[23] 陈双群，谢珍君. 农村老年人参与互助养老对主观幸福感的影响

分析［J］. 农村经济与科技，2021（20）：236 – 238.

［24］刘梦念. 我国"时间银行"互助养老模式分析［J］. 合作经济与科技，2021（22）：164 – 166.

［25］郑春平，葛幼松. 基于城乡互助养老的乡镇养老适宜性评价研究——以扬州市为例［J］. 上海城市规划，2021（5）：116 – 121.

［26］李子珍. 治理现代化视角下的农村互助养老发展研究［J］. 重庆电子工程职业学院学报，2021（5）：19 – 23.

［27］马广博，倪培凡，张泽. 社区互助养老设施的效率测度与优质均衡路径研究——基于三阶段 DEA 模型的实证分析［J］. 河南科技大学学报（社会科学版），2021（5）：47 – 53.

［28］郭剑平，王彩玲. 共生理论视角下农村互助养老服务供给困境及优化策略——以"H 村老年关爱之家"为例［J］. 湖北农业科学，2021（19）：196 – 199，211.

［29］聂建亮，孙志红，吴玉锋. 社会网络与农村互助养老实现——基于农村老年人养老服务提供意愿视角的实证分析［J］. 社会保障研究，2021（4）：22 – 33.

［30］程序. 老龄化背景下我国互助养老的发展趋势［J］. 商业文化，2021（28）：29 – 30.

［31］张继元. 互助养老的福利自生产机制——互惠的连锁效应与结构效应［J］. 山东社会科学，2021（10）：116 – 123.

［32］杜智民，曹静玺. 三孩生育政策下农村老年人互助养老参与意愿的实证分析［J］. 长安大学学报（社会科学版），2021（4）：107 – 115.

［33］郭峻. 乡村振兴赋能农村互助养老市场主体地位研究［J］. 黑龙江人力资源和社会保障，2021（15）：40 – 42.

［34］徐俊，刘丽杭. 老龄群体参与互助养老服务的观念溯源与建构路径选择［J］. 新疆社会科学，2021（5）：153 – 161，164.

［35］尤阳阳，程浩. 我国农村互助养老的现实问题与对策研究［J］. 大众标准化，2021（18）：96 – 98，101.

［36］刘晓梅，刘冰冰．社会交换理论下农村互助养老内在行为逻辑
与实践路径研究［J］．农业经济问题，2021（9）：80－89．

［37］陈友华，苗国．制度主义视域下互助养老问题与反思［J］．社
会建设，2021（5）：73－82．

［38］邱梦娇．乡村振兴背景下农村空巢老年人互助养老的困境与出
路［J］．北京农业职业学院学报，2021（5）：65－70．

［39］张蕊．城乡融合背景下济南共享互助养老模式构建研究［J］．
现代交际，2021（17）：251－253．

［40］郑沃林．身份认同对农民互助养老意愿的影响及其异质性分析
［J］．华中科技大学学报（社会科学版），2021（5）：58－68．

［41］李亚雄，安连朋．脱嵌与嵌入：农村留守老年人养老从家庭养
老到互助养老的嬗变——以陕西省凤翔县 Z 村为个案［J］．理论月刊，
2021（9）：104－112．

［42］任素娟，张奇．互助养老视域下基层医疗卫生服务机构的定位
及发展策略［J］．中国卫生法制，2021（5）：108－110．

［43］韩振秋．农村互助养老可持续发展的几点思考［J］．中共南昌
市委党校学报，2021（4）：36－39．

［44］李媛媛．深圳构建"会员制＋时间银行"社区互助养老模式的
思考［J］．中国集体经济，2021（26）：100－102．

［45］黄太阳．从机械团结到有机团结——农村互助养老的新趋向
［J］．太原城市职业技术学院学报，2021（8）：31－34．

［46］韩振秋．农村互助养老实践困境及化解机制研究［J］．中国发
展，2021（4）：78－83．

［47］李永萍．中国农村养老的制度优势与实践定位——兼论互助养
老的路径［J］．贵州社会科学，2021（8）：159－168．

［48］潮思思．顺俗与创新：农村互助养老模式优势分析与发展建议
［J］．现代农业研究，2021（8）：59－60．

［49］王媛媛，李文军．"时间银行"互助养老模式存在的问题及对

策分析——基于对桂林市的调查研究 [J]. 广西科技师范学院学报，2021
(4)：59-68.

[50] 米恩广，李若青. 从"碎片化运行"到"协同性供给"：农村
互助养老服务有效供给之进路 [J]. 云南民族大学学报（哲学社会科学
版），2021 (4)：86-93.

[51] 王进文，刘琪. 迈向老年群体本位的农村互助养老：何以可能
与如何可为 [J]. 理论月刊，2021 (7)：105-116.

[52] 王雨欣. 城市代际互助养老模式的实施条件与实施路径分析
[J]. 大众标准化，2021 (13)：201-203.

[53] 何晖. 政府主导型农村互助养老：衍生逻辑·实践框架·路径
取向 [J]. 吉首大学学报（社会科学版），2021 (4)：69-79.

[54] 陈叶荣. 重构社会资本视角下农村互助养老发展路径研究——
以江苏省徐州市为例 [J]. 山西农经，2021 (12)：97-98.

[55] 毕强. 内蒙古牧区互助养老问题研究 [D]. 长春：吉林财经大
学，2021.

[56] 付玲丽. 黑龙江省农村互助养老实践困境和路径研究 [D]. 哈
尔滨：哈尔滨商业大学，2021.

[57] 王媛. 社会交换视角下社会工作介入农村互助养老的实践研究
[D]. 哈尔滨：黑龙江省社会科学院，2021.

[58] 蒋媚. "时间银行"社区互助养老志愿服务供给研究 [D]. 南
宁：广西大学，2021.

[59] 陆文君. 上海市虹口区时间银行互助养老服务运行影响因素研
究 [D]. 上海：华东政法大学，2021.

[60] 任素娟，张奇. 我国发展互助养老"时间银行"的必要性及路
径研究 [J]. 医学与法学，2021 (3)：88-91.

[61] 罗晓晖. 乡土公共性建构：破解农村互助养老发展困境之道
[J]. 长白学刊，2021 (4)：135-141.

[62] 张迪，吕卓. 基于 Logit-ISM 模型的农村互助养老意愿影响因

素研究 [J]. 现代商业, 2021 (17): 74 - 77.

[63] 张继元. 农村互助养老的福利生产与制度升级 [J]. 学习与实践, 2021 (6): 104 - 115.

[64] 丁煜, 朱火云, 周桢妮. 农村互助养老的合作生产何以可能——内生需求和外部激励的必要性 [J]. 中州学刊, 2021 (6): 79 - 85.

[65] 万颖杰. 村庄本位视角下农村互助养老的发展困境与应对策略 [J]. 中州学刊, 2021 (6): 86 - 91.

[66] 陈哲. 从"互助"到"共赢": 打破农村互助养老模式的限制——基于社会资本的视角 [J]. 生产力研究, 2021 (6): 72 - 75.

[67] 朱珂. "时间银行"互助养老模式可持续发展研究——以烟台市大海阳社区为例 [J]. 环渤海经济瞭望, 2021 (6): 115 - 117.

[68] 安雅梦, 邸腾森, 王妍妍, 刘璇, 韩欣彤, 宋子贺, 袁文康, 赵燕. 积极老龄化背景下时间银行互助养老研究现状 [J]. 护理学杂志, 2021 (11): 94 - 98.

[69] 朱晓梦. 农村"邻里互助"养老模式推广的现状及对策研究 [D]. 烟台: 烟台大学, 2021.

[70] 邵艳. 嵌入理论视阈下农村留守老年人"社区 +"互助养老模式研究 [J]. 产业与科技论坛, 2021 (11): 83 - 84.

[71] 陈佳. 北京市老年人"时间银行"互助养老参与意愿及对策研究 [D]. 哈尔滨: 哈尔滨师范大学, 2021.

[72] 沙雨娴. 农村社区建设中农村社区互助养老的文献综述 [J]. 山西农经, 2021 (10): 102 - 103.

[73] 廖欢. 互助养老组织化发展的制度嵌入性研究 [J]. 老龄科学研究, 2021 (5): 11 - 21.

[74] 杨琴. 基于时间价值的社区互助养老模式思考 [J]. 黑龙江人力资源和社会保障, 2021 (7): 38 - 40.

[75] 聂建亮, 唐乐. 人际信任、制度信任与农村老年人互助养老参与意愿 [J]. 北京社会科学, 2021 (5): 116 - 128.

［76］宋洪宇．我国时间银行互助养老研究综述［J］．中国农业会计，2021（5）：45－49.

［77］杜孝珍，袁乃佳．结构功能主义视域下日本地域综合照护服务体系与我国综合互助养老模式的优化［J］．上海行政学院学报，2021（3）：72－84.

［78］董若瑛．多元共治视角下单位型社区互助养老的社会工作介入研究［D］．哈尔滨：黑龙江大学，2021.

［79］潘鸿．基于需求视角的海南农村互助养老研究［D］．海口：海南大学，2021.

［80］张田．乡村振兴背景下农村互助养老模式研究［D］．保定：河北大学，2021

［81］孙海婧，李实．农村社区互助养老的代际补偿机制研究［J］．广东社会科学，2021（3）：26－34.

［82］黎赵，张桂凤．时间银行嵌入西部农村互助养老的本土化建构——兼与"时间银行"圆桌论坛的商榷［J］．社会科学文摘，2021（4）：22－24.

［83］辛颖，何晔．从传统到现代：新型互助养老的主要形式［J］．西部学刊，2021（8）：60－63.

［84］高颖，关晓清，王希超，关琰珠，李承瑞，夏博宇．积极老龄化视角下时间银行互助养老模式［J］．中国老年学杂志，2021（9）：2004－2008.

［85］辛宝英，杨真．社区支持对农村互助养老参与意愿的影响研究［J］．中国人口科学，2021（2）：114－125，128.

［86］代玉巧．积极老龄化视域下互助养老积分模式优化研究——以河南 X 市为例［J］．市场周刊，2021（4）：183－185.

［87］李俏，孙泽南．农村互助养老的衍生逻辑、实践类型与未来走向［J］．中南民族大学学报（人文社会科学版），2021（10）：98－107.

［88］刘妮娜．从互助养老到互助共同体：现代乡村共同体建设的一种

可行路径［J］. 云南民族大学学报（哲学社会科学版），2021（2）：109－117.

　　［89］王琦，张冰蟾，张杰，王蕾，胡斌. 健康老龄化背景下徐州市农村老年人互助养老参与意愿及其影响因素［J］. 医学与社会，2021（2）：89－93.

　　［90］赵浩华. 社会资本流失下互助养老的发展困境及对策研究［J］. 学习与探索，2020（9）：141－146.

　　［91］贺雪峰. 互助养老：中国农村养老的出路［J］. 南京农业大学学报（社会科学版），2020（5）：1－8.

　　［92］祁玲，杨夏丽. 西北农村互助养老需求及其影响因素分析［J］. 学术交流，2020（8）：137－152，192.

　　［93］吴芳芳，刘素芬. 供给侧改革背景下"空心村"互助养老探究——基于三明大田县建设镇建丰村的案例分析［J］. 学理论，2020（7）：61－63.

　　［94］向运华，李雯铮. 集体互助养老：中国农村可持续养老模式的理性选择［J］. 江淮论坛，2020（3）：145－150，159.

　　［95］黎赵，罗树杰. "孝行天下"互助养老及其在西部民族地区的推广价值——基于广西西南部边疆民族地区P社区的案例研究［J］. 广西民族研究，2020（3）：62－70.

　　［96］李翌萱，蒋美华. 农村互助养老服务支持体系的多元整合与优化——基于关中农村9所互助院的调研［J］. 中州学刊，2020（6）：83－87.

　　［97］贾娜娜. 农村互助养老模式运行问题研究［D］. 济南：山东师范大学，2020.

　　［98］傅丽. 为"时间银行"互助养老打上"法律补丁"［J］. 人民论坛，2020（15）：118－119.

　　［99］杜偲偲，曹燕宁. 互助养老模式下农村日间照料中心运行研究——以常州市郭塘桥村日间照料中心为例［J］. 江苏商论，2020（5）：

64 - 66.

[100] 唐艳, 钟敏敏, 师蒙丽. "互联网+"背景下成都市时间银行互助养老发展困境与对策 [J]. 太原城市职业技术学院学报, 2020 (2): 26 - 29.

[101] 陈际华. "时间银行"互助养老模式发展难点及应对策略——基于积极老龄化的理论视角 [J]. 江苏社会科学, 2020 (1): 68 - 74.

[102] 钟仁耀, 王建云, 张继元. 我国农村互助养老的制度化演进及完善 [J]. 四川大学学报 (哲学社会科学版), 2020 (1): 22 - 31.

[103] 曲绍旭. 多中心治理视角下农村互助养老服务制度发展路径的优化研究 [J]. 广西社会科学, 2020 (1): 55 - 60.

[104] 曹文静, 谢飞, 刘韦希, 李阿芳, 李晓玲, 李春艳. 湖南省贫困县农村空巢老年人互助养老意愿及影响因素研究 [J]. 护理学杂志, 2020 (1): 18 - 22.

[105] 赵炯. 制度文化增权视角下农村互助养老的历史变迁、制度困境及对策优化 [D]. 西安: 西北大学, 2019.

[106] 杨子毅. 关于我国"时间银行"互助养老新模式发展的探索 [J]. 全国流通经济, 2019 (27): 142 - 143.

[107] 万谊娜. 社区治理视角下互助养老模式中社会资本的培育——基于美国"村庄运动"的经验 [J]. 西北大学学报 (哲学社会科学版), 2019 (4): 104 - 113.

[108] 高艺鑫, 孔蕾, 卫丹璇. 农村老年人互助养老满意度现状及影响因素分析——基于江苏省的实证调查 [J]. 农村经济与科技, 2019 (11): 228 - 230.

[109] 杜鹏, 安瑞霞. 政府治理与村民自治下的中国农村互助养老 [J]. 中国农业大学学报 (社会科学版), 2019 (3): 50 - 57.

[110] 贺雪峰. 如何应对农村老龄化——关于建立农村互助养老的设想 [J]. 中国农业大学学报 (社会科学版), 2019 (3): 58 - 65.

[111] 李重阳. 石家庄市低龄老年人"时间银行"互助养老参与意

愿研究 [D]. 石家庄：河北经贸大学，2019.

[112] 张亚丽，季年芳. 积极老龄化视角下农村互助养老模式效用浅析 [J]. 湖北农业科学，2018（19）：164-167，172.

[113] 李俏，刘亚琪. 农村互助养老的历史演进、实践模式与发展走向 [J]. 西北农林科技大学学报（社会科学版），2018（5）：72-78.

[114] 刘冰. 时间银行在社区互助养老中的可持续应用研究——基于虚拟货币五大职能的视角 [J]. 财经界，2018（25）：123-124.

[115] 忽然，田江，文革. "互联网+"在社区互助养老平台中的应用研究 [C] //劳动保障研究，2018（1）：44-46.

[116] 祁峰，高策. 发展"时间银行"互助养老服务的难点及着力点 [J]. 天津行政学院学报，2018（3）：19-25.

[117] 张会霞. 我国农村经济合作的发展与农村社区互助养老模式的形成及其优化 [J]. 农业经济，2018（5）：76-78.

[118] 付蓉. 社会支持理论视角下西南少数民族地区农村互助养老体系构建 [D]. 昆明：云南大学，2018.

[119] 张健，李放. 农村互助养老的成效及价值探讨——以河北省F县农村互助幸福院为例 [J]. 社会福利（理论版），2017（3）：51-57.

[120] 王芳. "时间银行"社区互助养老的可持续性研究 [D]. 上海：上海工程技术大学，2017.

[121] 郝亚亚，毕红霞. 我国农村社区互助养老模式研究综述 [J]. 老龄科学研究，2017（2）：46-53.

[122] 刘欣. 我国互助养老的实践现状及其反思 [J]. 现代管理科学，2017（1）：88-90.

[123] 吴香雪，杨宜勇. 社区互助养老：功能定位、模式分类与机制推进 [J]. 青海社会科学，2016（6）：104-111.

[124] 张贤木，聂志平，肖玉盛，张培伟，罗昊. 互助养老模式：解决农村空巢老年人养老问题的理性选择——以江西省宜春市某镇A、B村为例 [J]. 广西经济管理干部学院学报，2016（4）：14-18，40.

［125］骆素莹. 城市社区互助养老模式探析［J］. 科技创新导报，2016（12）：111 - 112.

［126］杨静慧. 互助养老模式：特质、价值与建构路径［J］. 中州学刊，2016（3）：73 - 78.

［127］邓俊丽. 农村互助养老研究综述——基于中国知网中文数据库的成果研究［J］. 社科纵横，2015（12）：59 - 62.

［128］张彩华，熊春文. 美国农村社区互助养老"村庄"模式的发展及启示［J］. 探索，2015（6）：132 - 137，149.

［129］许加明，华学成. 城市社区空巢老年人互助养老的参与意愿与互助方式——基于江苏省淮安市的调查与分析［J］. 现代经济探讨，2015（8）：25 - 29.

［130］张彩华. 农村互助养老：幸福院的案例与启示［M］. 北京：社会科学文献出版社，2020.

［131］张岭泉. 农村互助养老模式研究［M］. 北京：人民出版社，2021.

［132］郑红. 互助养老与社区时间货币：应对人口老龄化的金融创新［M］. 北京：中国经济出版社，2019.

［133］陈雪萍，郑生勇，唐浥云. 互助养老服务理论与实践［M］. 上海：上海交通大学出版社，2017.

［134］刘妮娜. 互助型社会养老：乡土模式的理论与实践［M］. 北京：社会科学文献出版社，2020.

［135］刘妮娜. 互助养老［M］. 北京：华龄出版社，2021.

［136］David Haber. Promoting Mutual Help Groups Among Older Persons［J］. The Gerontologist，1983（3）：251 - 253.

［137］Gottlieb，Benjamin H. Self-help，Mutual Aid and Support Groups among Older Adults［J］. Canadian Journal on Aging/La Revue canadienne du vieillissement，2000（19）：58 - 74.

［138］Kelly，Timothy B. Mutual Aid Groups for Older Persons with a

Mental Illness [J]. Journal of Gerontological Social Work, 2005 (1): 111 – 126.

[139] Gitterman, Alex and Lawrence Schulman, eds. Mutual Aid Groups, Vulnerable and Resilient Populations, and the Life Cycle [M]. Columbia University Press, 2005.

[140] Sudo, Kyoko et al. Japan's Healthcare Policy for the Elderly through the Concepts of Self-help (Ji-jo), Mutual Aid (Go-jo), Social Solidarity Care (Kyo-jo), and Governmental Care (Ko-jo) [J]. Bioscience Trends 2018 (12): 7 – 11.

[141] Wang, Bing. Research on the Practical Difficulties and Countermeasures of Mutual Aid Pension Model for the Aged in China's Rural Areas [C]. 2nd International Conference on Humanities Education and Social Sciences (ICHESS 2019). Atlantis Press, 2019.

[142] Lianxiang, C. U. I. et al. Construction of Elderly Mutual Aid Time Bank Based on Blockchain [C]. 20th IEEE International Conference on Mobile Data Management (MDM). IEEE, 2019.

[143] Zhou, Guangtao. The Mutual-Support Model of Elderly Care for Aged Farmers in Shandong Province [C]. 6th Annual International Conference on Social Science and Contemporary Humanity Development (SSCHD 2020). Atlantis Press, 2021.

[144] Shao, Yangfeng, Shengyong Zheng, and Xueping Chen. Capacity Building of Urban Community Mutual Volunteer Assistance for the Aged in Hangzhou Based on Intelligent Cities [J]. Innovative Computing. Springer, Singapore, 2020: 267 – 274.

[145] Harris, Bernard. Social Policy by other Means? Mutual Aid and the Origins of the Modern Welfare State in Britain During the Nineteenth and Twentieth Centuries [J]. Journal of Policy History, 2018 (2): 202 – 235.

[146] Yang, Zhimei and Aixiang Huo. Optimization of Rural Mutual As-

sistance Pension Mode under the Background of Aging Population ［C］. Proceedings of the 3rd International Conference on Economics and Management, Education, Humanities and Social Sciences（EMEHSS 2019）, Suzhou, China. 2019.

后　记

近几年，我比较关注养老问题，尤其是农村互助养老的发展问题，先后主持完成了河南省哲学社会科学规划课题"河南农村互助养老的实践困境与对策研究"（批准号：2020BSH002）和民政部基础综合类部级课题"农村互助养老模式的实践困境及其可持续发展路径研究"（批准号：2021MZJ007），本书就是以上课题的最终成果。

在研究的过程中，我突然意识到一个问题，即我国古代是否存在着互助养老的雏形，这不仅关乎着互助养老模式的历史合理性基础，而且也有助于从更宏大的历史视角和文化层面来分析互助养老模式的发展历程及其影响因素。在梳理我国不同历史时期互助养老实践活动之后，我把本书的题目定为"我国互助养老的历史演变、实践困境及其对策研究"。

在研究方法上，我比较认同费孝通先生的观点："从已有的基础上做起，然后由点及面，找典型、立模式，逐步勾画出比较全面的轮廓。"所以，本书首先从已有研究起步，通过全面梳理我国互助养老的三大代表性模式——时间银行互助养老模式、农村幸福院互助养老模式和"互联网＋"互助养老模式，使读者能够对我国互助养老的发展现状形成概括性的认知。然后把河南省洛阳市的互助养老状况作为典型案例深入分析，通过点面结合的方式深入探讨我国互助养老面临的实践困境、影响因素和解决对策。相信，随着后续类似研究的增多，最终将勾勒出关于我国互助养老模式的比较全面的轮廓。

"书山有路勤为径，学海无涯苦作舟。"虽然常有人形容研究工作为"坐冷板凳"，笔者也偶有职业倦怠，但当本书定稿的那一刻，却还是有一股喜悦涌上心头。正所谓"不经一番寒彻骨，怎得梅花扑鼻香"。

非常感谢家人对我的支持，让我能够心无旁骛地开展研究。也非常感谢民政部和河南省哲学社会科学规划办公室的支持，正是以上部门的课题给了我写作本书的动力和勇气。还要感谢所有对我提出过建议和帮助的人，没有他们的支持，本书稿难以如期完成。至诚感谢本书中注释和文献引用的作者们，你们的前期研究成果为本书的写作提供了强有力的支撑。最后，特别感谢经济科学出版社及其编辑老师们，没有出版社的大力支持和老师们的细致工作，本书也难以与读者见面。

陈伟涛

2022 年 3 月 26 日于郑州东区龙子湖畔

河南财经政法大学